KB262452

현실요법적
자기조절학습
프로그램

상담

KSI 한국학술정보㈜

현실요법적
자기조절학습
프로그램

상담

허일범 지음

학교에서의 학업문제는 동서고금을 막론하고 주요한 관심사였다. 최근에 초, 중학생들에게 국가수준 학력평가를 실시하고, 그 결과를 발표하면서 학업문제에 대한 관심은 더욱 증폭되었다. 국가수준 학력평가가 끝날 때마다 매스컴에서는 연일 톱뉴스와 특집으로 학력 실태를 보도하였고, 전문가들이 동원되어 문제의 원인과 해결책을 내놓기도 하였다. 학업에 대한 문제로 동기나 지능 등의 개인 내적인 면에 원인을 두는 목소리도 있었고, 가정환경이나 교사의 교수법 등 환경적인 면에서 원인을 찾는 노력들도 있었다. 그러나 학업문제는 어느 하나만의 문제가 아니라 여러 요인들이 복합적으로 작용하고 있다.

그동안 교육학 분야에서 전개되어 왔던 학습에 대한 연구들을 보면, 과거에는 학습에 영향을 미치는 여러 요인들 중에서 어느 한 가지 요인을 중심으로 연구가 이루어졌으나, 현재의 연구들은 여러 요인들을 통합하여 학업성취 현상을 설명하고 있다. 이러한 경향은 학습이 실제로 이루어질 때 여러 요인들이 분리되어 영향을 미치는 것이 아니라 서로 밀접한 관련을 갖고 종합적으로 영향을 미친다고 인식되었기 때문에 나타난 것이다.

저자는 오랫동안 학교 현장에서 학생지도와 연구를 수행해 오면서 학업문제에 관심을 가져왔다. 학업에 영향을 미치는 여러 요인들 중에서도 특히 학습자 스스로 통제할 수 있는 요인들에 관심이 많았다. 학습자가 통제할 수 있는 요인들로는 성취동기, 학습습관, 인지 및 초인지 전략 등을 들 수 있다. 심각한 학업문제를 안고 있는 학생들은 이들 요인들 대부분이 부족하여 낮은 학업성취를 보이고 있다.

학습 상황에서 사용되고 있는 이론들 중에서 동기적 요인, 행동적 요인, 인지 및 초인지적 요인들을 모두 고려하고 있는 이론은 자기조절학습 이론이다. 그러나 이 이론에 대한 연구 경향은 최근 들어 동기조절, 행동조절, 인지조절을 통합하려는 관심이 늘고 있기는 하지만, 그동안은 주로 인지 및 초인지조절을 강조한 것이었다. 특히 동기, 행동, 인지 및 초인지조절을 통합하려는 실험연구는 찾아보기 힘들었다.

학업문제를 안고 있는 학생들에게 실제적인 도움을 주기 위해서는 동기, 행동, 인지적 학습전략의 문제를 극복할 수 있는 통합적인 프로그램을 개발하여 적용하여야 한다. 인지 및 초인지조절을 강조한 자기조절학습 연구들은 학습전략을 발달시켜 학업성취도를 향상시키는 데 기여하였지만, 동기적인 측면과 행동적인 측면을 소홀히 해 왔던 것도 사실이다. 그러므로 동기적인 측면과 행동적인 측면을 보완해 줄 수 있는 다른 이론과의 통합이 필요하였다.

학업문제의 원인이 학생들의 정서적, 행동적 요인에 결함이 있을 때, 상담을 통하여 학업에 장애가 되는 요인들을 제거함으로써 학업성적을 향상시키는 방법이 상담적 접근 방법이다. 이러한 접근 방법으로서 현실요법은 내담자가 내적인 통제력을 길러 올바른 행동을 선택할 수 있도록 도움을 주는 상담으로 성취동기 향상과 학습습관 개선에 효과적이다. 따라서 학습자가 동기, 행동, 인지적인 문제 요인을 극복하도록 도움을 주기 위해서는 자기조절학습과 현실요법을 통합한 프로그램의 개발이 필요하였다.

이러한 필요에 따라 저자는 '현실요법적 자기조절학습 상담 프로그램(Reality

therapeutic Self-regulated learning Counseling Program: RSCP)'을 개발하였으며, 초등학교 6학년 학생들에게 적용한 후 효과를 검증하여 박사학위를 취득하였다. 이 책은 저자의 박사학위 논문을 보완하여 발간하였는데, 실험연구를 하려는 연구자나 학생들의 학업문제를 처치해 주려는 실천가에게 시사점을 주리라 기대한다. 이 책에 적용한 프로그램의 완본은 한국학술정보(주)에서 『이젠, 내 힘으로 공부할 수 있어요』라는 제목으로 출판되었는데, 두 책을 함께 읽어보면 훨씬 더 많은 도움을 받을 수 있을 것이다.

　학위논문 작성 과정에서 아낌없이 지원해 주시고 끝까지 믿어 주신 필자의 지도교수님이신 국민대학교 이수진 교수님께 진심으로 감사드린다. 아울러 심사위원장님으로서 노심초사하시고 상담부분에 많은 도움을 주신 정진선 교수님, 미력한 필자를 독려하시고 아껴 주신 박경애 교수님, 도승이 교수님, 양민화 교수님께도 심심한 사의를 표한다. 끝으로 주말마다 도시락을 챙겨 주는 내 아내 구미애에게도 감사의 뜻을 전한다.

2011년 3월
허일범 씀

| Contents

Chapter 05

효과 검증 결과 / 105

Chapter 01

왜 현실요법적 자기조절학습 상담 프로그램인가?

교육학 분야에서는 오랫동안 학습에 대한 연구를 진행해 왔다. 과거의 연구들은 학습에 영향을 미치는 여러 요인들 중에서 어느 한 가지 요인을 중심으로 연구를 수행해 왔다. 1950년대 교육연구자들은 학습자의 정신능력이 학업성취에 결정적이라 보고 이에 대한 개념과 측정에 집중하였으며, 1960년대는 학습의 사회적 환경에 주목하였고, 1970년대는 우수한 교육 프로그램을 개발하는 데 역점을 두었다(양명희, 2000). 그러나 현재의 연구들은 인지적인 측면과 함께 정의적 측면을 통합하여 학업성취 현상을 설명하고 있다. 이는 학습이 실제로 이루어질 때 여러 요인들이 분리되어 영향을 미치지 않고 서로 밀접한 관련을 맺으며 종합적으로 영향을 미친다는 것이 인식되었기 때문이다(Howard - Dose & Winne, 1993).

학교 현장에서 지향하는 학습은 모든 학생들이 일정 수준에 도달하는 완전학습이지만 현실적으로 학업성취의 차이가 나는 것은 불가피한 현상이다. 학업성취가 저조한 아동들을 그대로 방치해 둘 경우, 일반 아동들과의 학업 격차가 더욱 심화될 뿐만 아니라 이로 인해 다른 아동들과 어울리지 못하고, 자기개념에도 손상을 입는 등의 정서적, 행동적 문제까지도 유발될 수 있다. 특히 학습량이 늘어나고 학습의 내용도 어려워지는 상급학년으로 올라갈수록 학업과 행동의 결함은 더욱 심각해질 수 있다. 따라서 학업성취가 저조한 아동들에게 학업성취를 높일 수 있게 하는 것은 학습 자체뿐만 아니라 정서와 행동 요소에도 긍정적인 영향을 미친다(김아영 · 주지은 · 정소영, 2005).

대부분의 교과 수업에서 학습자의 동기 없이는 학습이 이루어질 수 없다. 즉 학습자의 동기유발이 학습 효과에 결정적인 역할을 하기 때문에(송상호, 1998), 동기가 결여된 학습자에게는 새로운 교수법의 효과를 기대하기가 어렵다(박성혜 · 김혜경 · 채우기 · 권균, 1999). Keller(1983)는 동기를 행동의 정도와 방향을 결정짓는 요인으로 보았다. 그는 동기가 사람들이 어떤 경험이나 목적을 추구할 것인지 혹은 회피할 것인지를 결정짓는 요인이며, 동시에 그들의 선택된 방향에 대한 노력의 정도에 영향을 미치는 것이라고 밝혔다.

학업성취에 영향을 미치는 행동요인으로 학습습관을 들 수 있다. Prather(1983)는 공부를 못하는 학생들의 문제가 능력문제가 아니라 학습습관이 잘못되었기 때문이라고 주장하였다. 특히 학습습관 중에서도 시간관리 기술이 학업에 대한 노력을 가장 잘 예언해 주는데(Bawman, 1981), 시간관리 기술은 학습습관뿐만 아니라 동기와 학업성적에도 영향을 미친다고 보고되었다(Driskell & Kelly, 1980; Walter & Siebert, 1981).

학습상황에서 사용되는 이론들 중 동기, 행동, 학업성취를 동시에 고려하고 있는 이론은 자기조절학습 이론이다. 자기조절학습의 기존 연구 경향을 양분하면, 인지 및 초인지에 집중한 관점과 인지 · 동기 · 행동적 측면을 망라한 관점으로 대별된다(정미경, 1999; 박병기 · 정기수 · 김선미 · 이종욱, 2005). 최근 들어 인지조절, 동기조절, 행동조절, 환경조절 등을 통합하려는 관심이 늘고 있는 것은 사실이지만, 그동안의 주된 연구 경향은 인지조절을 강조하는 것이었다(권성연, 2002; 박승호, 2004; 박병기 등, 2005).

이러한 인지조절에 대한 관심은 인지와 초인지 요소들을 효과적으로 사용할 수 있는 학습전략을 개발하여 학생들에게 적용함으로써 학업성취 향상에 기여하였다. 교육과학기술부(2008)도 '2007년 국가수준 학업성취도' 평가결과를 발표하면서 초 · 중 · 고 학생 모두 자기조절학습 능력이 높을수록 국어, 사회, 수학, 과학, 영어 교과의 학업성취도가 높게 나타났다고 밝혔다. 이처럼 자기조절학습 관련 연구가 인지조절 중심의 접근으로 학업성취도 향상 측면에서는 성과를 거두었으나, 동기적인 측면과 행동적인 측면을 소홀이 다루어 왔다는 것도 사실이다.

동기적 측면을 고려한 기존의 자기조절학습 연구들은 프로그램 속에 동기조절 영역을 포함시켜 적용하기보다는 상관관계를 밝히는 연구들(Pintrich & DeGroot, 1990)과 특정 모형(Zimmerman과 Martinez-Pons의 자기조절학습 모형, ARCS 모델)을 적용한 후에 동기 요인의 변화를 측정한 연구들(김용수, 1998; 봉갑요, 2004; 유경호, 2004)이 대부분이다. 행동적 측면을 고려한 자기조절학습 연구들도 특정 요소(시간관리, 도움 구하기 등)와 학업성취 또는 자기조절학습과의 관계를 탐구한 것들(Prather, 1983; Zimmerman & Martinez-Pons, 1986·1990; 정택희, 1987; 양명희, 2000)은 많은 반면, 자기조절학습이 학습습관에 미치는 영향을 연구한 실험연구는 거의 없는 실정이다. 초등학생들은 스스로 행하여 무엇인가를 성취하면 근면성을 갖게 되지만 그렇지 못할 경우에는 열등감을 갖게 된다는 점을 고려해 보았을 때, 이들의 행동에 초점을 맞춘 학습습관 지도가 필요하다.

학업문제의 원인이 학생들의 정서적·행동적 요인에 결함이 있을 때, 상담을 통해 학업에 장애가 되는 요인을 제거함으로써 학업성적을 향상시키려는 방법이 상담적 접근방법이다(Gilbreath, 1967). 현실요법은 내담자가 내재적인 통제력을 길러 올바른 행동을 선택할 수 있도록 지속적으로 도움을 주는 상담과정(김인자, 2005)으로 성취동기 향상과 학습습관 개선에 효과적이다.

현실요법에서는 바람(Want) 탐색하기, 행동(Doing) 탐색하기, 평가(Evaluation)하기, 계획(Plan)하기라는 과정을 적용하여 내담자의 동기와 내적 통제력을 향상시키는 것을 중요하게 다룬다. 즉 참여자의 기본욕구와 바람, 좋은 세계(quality world)를 탐색함으로써 내담자가 원하는 것을 올바로 인식시켜 성취동기를 향상시킨다. 또한 자신의 행위와 행동방향을 탐색하고 자신이 하고 있는 행동이 바람을 이루는 데 적합한지 평가하여 새로운 시도를 해 보게 하는데, 이러한 접근은 내적 통제력을 향상시켜 학습습관을 개선하는 데 효과적이다. 아울러 적절한 행동을 실행하면 생각이나 느낌, 신체적 긴장감까지 호전시킬 수 있다고 주장하는데(Glasser, 1998a), 이러한 행동 우선적인 접근을 내담자가 이해하고 실행한다면 학습습관을 개선할 수 있다.

현실요법을 초등학생들에게 적용하여 성취동기를 향상시키고 내적 통제력을 증진시키고자 하는 연구들은 긍정적인 결과를 보고하고 있다. 정영옥(2004)은 성취동기와 내적 통제력이 유의미하게 향상되었다고 보고하였고, 심윤영(2006)도 내적 통제력과 학습동기가 의미 있게 향상되었다고 보고하였다. 김은미(2003)와 라주섭(2007)도 현실요법 프로그램이 성취동기 향상에 효과가 있었다고 보고하였다.

이와 같이 현실요법이 성취동기 향상과 학습습관을 개선할 수 있는 내적 통제력 향상에 많은 연구가 이루어진 반면, 자기조절학습에 대한 연구는 인지 및 초인지조절 측면을 강조한 학업성취 향상에 초점을 두고 진행되어 왔다. 그러나 학습 상황에서의 동기와 습관의 중요성에 비추어 볼 때, 학생들의 학습습관을 개선하고, 성취동기 및 학업성취도를 동시에 향상시키려는 노력이 필요하다. 그러므로 자기조절학습의 학업성취 향상에 대한 강점을 살리고 학습습관과 성취동기 측면을 보완할 수 있는 현실요법과의 통합이 필요하다.

자기조절학습은 인지 및 초인지 전략을 많이 사용하기 때문에 학업성취 상위집단 아동들에게 효과적일 것이고, 현실요법은 정서적·행동적 장애 요인부터 제거하기 때문에 학업성취 하위집단 아동들에게도 효과를 기대할 수 있다. 학교 현장에는 학업성취 상위집단 아동들과 하위집단 아동들이 혼재해 있는데, 학업성취 수준이 다른 학습자들의 학습결과의 차이를 줄이는 것은 교육계의 과제이다. 정미경(1999)은 초·중·고등학생을 대상으로 한 연구에서 학업성취 상위집단이 중간집단이나 하위집단보다 자신의 능력에 대한 신념이 강하고, 학습에 대한 흥미가 많으며, 상위인지 수준이 높고, 시연, 조직화, 정교화와 같은 인지전략을 효율적으로 사용할 뿐만 아니라 주의 산만한 요인들을 잘 통제하고 시간관리를 잘한다고 밝혔다. 전명남(2003)도 높은 학업성취 대학생은 낮은 학업성취 대학생에 비해 동기전략, 인지전략, 자원관리전략을 더 잘 사용한다고 밝혔다.

김아영 등(2005)은 초등학생을 대상으로 한 자기조절학습 연구에서 학업성취 상, 중, 하 집단 간의 사전, 사후 점수 차이는 중간집단이 가장 많은 증가를 보였고, 하위집단이 뒤를 따랐으며, 그 다음이 상위집단이라고 밝혔다. 그러나 훈련 효과로 나타난 사후검사 점수 차이는 성취수준이 다른 상, 중, 하 집단 간에 유의미한 차이를 나타내지 않았다고 보고하였다.

이와 같이 학업성취 상위집단은 자기조절학습 능력이 우수한 반면에, 학업성취 하위집단은 발전의 가능성을 더 많이 내재하고 있다. 이렇게 학업성취수준에 따른 학습자의 특성에 차이가 있으므로, 본 프로그램의 영향력이 학업성취수준에 따라 차이가 발생하는지 살펴볼 필요가 있다. 그러므로 본 연구에서는 자기조절학습과 현실요법을 통합한 프로그램(Reality therapeutic Self-regulated learning Counseling Program: RSCP)을 개발하여 실험집단과 통제집단 간 비교를 통하여 효과성을 살펴보고, 나아가 학업성취수준에 따라 학습자의 성취동기, 학습습관, 학업성취도에 미치는 영향력에 차이가 있는지 알아보고자 한다.

이러한 본 연구의 목적을 달성하기 위해 다음과 같은 연구문제를 설정하였다.

연구문제 1. RSCP가 초등학생의 성취동기 변화에 어떤 영향을 미치는가?

연구문제 2. RSCP가 초등학생의 학습습관 변화에 어떤 영향을 미치는가?

연구문제 3. RSCP가 초등학생의 학업성취도 변화에 어떤 영향을 미치는가?

연구문제에 대한 구체적인 해답을 얻기 위하여 본 연구에서 설정한 가설은 다음과 같다.

연구가설 1. RSCP가 초등학생의 성취동기 변화에 긍정적인 영향을 미칠 것이다.

1-1. RSCP에 참가한 학업성취 상위 실험집단 아동들이 통제집단의 아동들보다 성취동기가 유의미하게 향상될 것이다.

1-2. RSCP에 참가한 학업성취 하위 실험집단 아동들이 통제집단의 아동들보다 성취동기가 유의미하게 향상될 것이다.

1-3. RSCP 처치 후의 성취동기 점수는 학업성취수준이 다른 실험집단 간에 유의미한 차이가 있을 것이다.

연구가설 2. RSCP가 초등학생의 학습습관 변화에 긍정적인 영향을 미칠 것이다.

2-1. RSCP에 참가한 학업성취 상위 실험집단 아동들이 통제집단의 아동들보다 학습습관이 유의미하게 개선될 것이다.

2-2. RSCP에 참가한 학업성취 하위 실험집단 아동들이 통제집단의 아동들보다 학습습관이 유의미하게 개선될 것이다.

2-3. RSCP 처치 후의 학습습관 점수는 학업성취수준이 다른 실험집단 간에 유의미한 차이가 있을 것이다.

연구가설 3. RSCP가 초등학생의 학업성취도 변화에 긍정적인 영향을 미칠 것이다.

3-1. RSCP에 참가한 학업성취 상위 실험집단 아동들이 통제집단의 아동들보다 교과 성적이 유의미하게 향상될 것이다.

3-2. RSCP에 참가한 학업성취 하위 실험집단 아동들이 통제집단의 아동들보다 교과 성적이 유의미하게 향상될 것이다.

3-3. RSCP 처치 후의 교과 성적은 학업성취수준이 다른 실험집단 간에 유의미한 차이가 있을 것이다.

용어의 정의

■ 현실요법적 자기조절학습 상담

김인자(2005)는 현실요법을 '내담자들이 그들의 삶을 좀 더 효과적으로 통제하도록 도와주는 것을 목적으로 하는 계속적인 도움의 과정'이라고 정의하였다. Mandinach(1983)는 자기조절 학습능력을 '초인지적, 동기적, 행동적으로 학업성취를 촉진하여 학습에서 지식을 획득하는 능력'이라고 하였다. 한편 Corno(1986)는 자기조절학습을 '학습 내용에서 연합적 망을 조직·심화하며, 심화된 과정을 점검·개선시키려는 자발적인 노력'이라고 정의하였다. 이러한 정의들을 바탕으로 본 연구에서는 현실요법을 '참여자들이 내적 통제력을 길러 올바른 행동을 선택하고 실천할 수 있도록 도움을 주는 상담'이라고 정의하였고, 자기조절학습은 '자신의 동기와 학습행동을 자기평가하여 스스로 조절하며, 인지능력과 초인지능력을 효율적으로 활용하는 학습'이라고 정의하였다. 이와 같은 현실요법과 자기조절학습의 정의에 기초하여, '현실요법적 자기조절학습 상담'을 '자신의 동기와 학습행동, 인지 및 초인지 전략을 스스로 평가하여 자기 통제하고, 참여자 자신이 학습 관련 활동을 선택하여 행하도록 도와주는 상담'이라고 정의하였다. 또한 본 연구에서는 '현실요법적 자기조절학습 상담 프로그램'을 RSCP(Reality therapeutic Self-regulated learning Counseling Program)라고 칭(稱)하였다.

■ 성취동기

McClelland, Atkinson, Clark과 Lowell(1953)은 성취 욕구를 '우수한 결과를 얻기 위해서 높은 기준을 설정하고, 고난과 방해를 극복하며 이를 달성하려는 욕구'라고 하였으며, 성취동기란 '성취로부터 자부심을 경험하는 능력'이라고 정의하였다. 즉 성취로 인해서 유쾌한 정서를 경험하게 되며, 이 유쾌한 정서를 추구하기 위해서 성취활동에 적극적으로 참여하게 될 뿐만 아니라 실패가 몰고 온 불유쾌한 경험을 통해서 실패를 회복하려는 동기가 형성된다는 것이다.

박한숙(2000)은 성취동기를 '학교 학습상황에서의 학업성취를 포함하여 학습자가 활동하는 전 생활 범주 내에서 도전적인 과제를 성취함으로써 만족을 얻으려고 하는 의욕'이라고 정의하였다. 본 연구에 적용하고 있는 현실요법에서는 생존, 사랑, 힘, 자유, 즐거움이라는 다섯 가지 기본욕구를 충족하기 위해 동기가 발생한다고 본다. 사람들은 자신의 욕구가 실현되기를 바라는 최상의 사진들을 가지고 있는데, 이러한 사진들이 각자의 바람으로 나타난다. 그러므로 현실요법에서의 성취동기는 '각자의 욕구와 바람을 충족시키려는 의욕'이라고 정의할 수 있다. 자기조절학습에서도 동기는 하나의 구성요인으로 작용하고 있는데, 동기요인에 포함되는 요소들은 자기효능감, 목표설정, 성취가치 등이다. 그러므로 자기조절학습 측면에서의 성취동기는 '자신이 설정한 목표를 성취하려는 의욕'이라고 정의할 수 있다. 이러한 점들을 종합적으로 고려하여 본 연구에서는 성취동기를 '성취를 통하여 자신의 욕구를 충족시키려는 의욕'이라고 정의하였다.

■ 학습습관

박경숙과 이혜선(1976)은 학습습관을 '학습할 때 취하는 일관된 학습 양식(mode of behavior)'이라고 정의하면서, 그 하위영역을 주의집중 행동, 학습기술 적용 행동, 자율학습 행동으로 구분하였다. 강태용(2002)은 '학습습관이란 오랫동안 반복되는 수행으로 인하여 내면화되고 습관화된 학습행동'이라고 정의하였는데, 이러한 견해들은 모두 행동적 요소를 강조하고 있다. 본 연구에서는 현실요법과 자기조절학습의 통합을 시도하기 때문에 학습습관이라는 용어를 정의할 때도 두 기법을 모두 고려하여야 한다. 우선 현실요법에서는 활동하기, 생각하기, 느끼기, 신체반응으로 이루어져 있는 전행동(total behavior) 요소 중 가장 통제하기 쉬운 것이 활동하기라고 하여 이 부분을 개선하기가 가장 쉽다고 하였다. 동일한 활동하기가 지속적으로 실천된다면 습관이 형성되었다고 본다. 자기조절학습에서도 행동적 요인과 학습습관을 연관 지을 수 있다. 자기조절학습의 행동적 요인은 시간관리, 도움 구하기, 행동통제 등으로 구성된다. 이러한 학습 관련 행동들이 습관화되어 일관되게 나타나면 학습습관이 형성되었다고 보는 것이다. 그러므로 본 연구에서는 학습습관을 '학습할 때 일관되게 나타나는 학습행동'이라고 정의하였다.

■ 학업성취도

교육과학기술부(2008)는 국가수준 학업성취도 평가를 '교육과정에서 규정하고 있는 교과목표와 내용을 제대로 학습하였는지를 파악하기 위한 국가수준의 평가'라고 정의하였다. 박한숙(2000)은 '학업성취란 학습의 결과로서 지식과 기능을 습득하는 과정 또는 결과를 의미하며, 학업성취도란 본인과는 별개의 어떤 기준(교사나 시험 등)에 의해서 판단된 지식과 기능의 습득 정도'라고 정의하였다. 본 연구에서는 국가수준 진단평가와 학교의 기말고사, 국가수준 학업성취도 평가 점수를 토대로 차이를 분석하였으므로, 학업성취도를 '지필평가에 의해서 판단되는 교과목표와 내용의 습득 정도'라고 정의하였다.

이 연구에서 개발하여 적용한 현실요법적 자기조절학습 프로그램(RSCP: Reality therapeutic Self-regulated learning Counseling Program)은 동기조절, 행동조절, 읽기 학습 전략, 수학 문장제 해결 전략 등의 4개 영역으로 구성되어 있다. 이 중에서 읽기 학습 전략과 수학 문장제 해결 전략은 고도의 인지적인 내용을 포함하고 있으므로 학업성취 하위집단 아동들에게는 인지적 부담을 줄 가능성이 있다. 따라서 이 두 영역의 프로그램에서는 수준별 문제를 제시하였다. 또한 본 프로그램의 적용 대상이 초등학교 6학년 학생들이므로 다른 학년의 학생들에게 적용할 때에는 참여자들의 수준을 고려하여 읽기 학습 전략과 수학 문장제 해결 전략에서 제시하고 있는 문제들을 재구성하여 적용하여야 한다.

Chapter 02

자기조절학습과 현실요법의 통합을 위한 탐색

1. 자기조절학습의 교육적 의의

1) 자기조절학습의 의미와 이론적 발달

(1) 자기조절학습의 의미

자기조절학습에 대한 이론과 연구는 학생들이 어떻게 자기 자신들의 학습과정을 익히는가에 대한 물음이 제기되면서 1980년대 중반에 출현하였다(Zimmerman, 2001). 자기조절학습의 개념과 관련된 입장은 일반적으로 두 가지로 나눌 수 있다. 첫째는 학습이 이루어지는 데 필요한 인지적·동기적·행동적 측면을 동시에 고려한 입장으로 이는 Zimmerman을 중심으로 주로 미국에서 진행되고 있다. 둘째는 자기조절학습의 인지적 측면에만 집중하여 초인지와 유사한 개념으로 사용하는 입장으로, 주로 유럽과 Vygotsky를 계승하는 미국의 연구자들에 의해 진행되고 있다(정미경, 1999; 박병기 등, 2005).

먼저 인지적·행동적·동기적 측면을 동시에 고려한 입장을 살펴보면, Corno와 Mandinach(1983)는 자기조절 학습능력을 '초인지적, 동기적, 행동적으로 학업성취를 촉진하여 학습에서 지식을 획득하는 능력'이라고 하였다. Zimmerman(1989)은 자기조절된 학습자를 '초인지적, 동기적, 행동적으로 학습에 참여하는 능동적인 학습자'라고 정의하였다. 그는 자기조절된 학습자가 학습과정에서 자기평가, 조직화·변형화, 목표설정·계획수립, 정보탐색, 기록유지·모니터링, 환경의 구조화, 시험지 하기, 교재 복습하기 등을 자발적으로 수행한다고 하였다.

박금옥(1998)은 자기조절학습 전략을 '학습자가 자신의 학습과정에서 상위인지적, 동기적, 행동적으로 주어진 문제의 맥락에 적절하게 학습과제를 심화시키고 조정하는 과정'이라고 정의하였다. 그는 상위인지적 과정은 학습자가 학습하는 동안 계획, 목표설정, 조직, 자기조절, 자기평가하는 것이며, 동기적 과정은 학습자들이 높은 자기효능감, 자기귀인, 내적 과제 흥미 등을 갖게 되는 것이고, 행동적 과정에서는 학습자들이 최적의 학습 환경을 선택하고 창조하는 것으로 보고 있다. 이러한 입장은 Zimmerman의 견해에 근거한 것이다. 송인섭과 박성윤(2000)은 Bandura의 사회인지적 관점을 바탕으로 자기조절학습을 '학습자들이 학업 수행의 향상을 위해서 상위인지적으로, 동기적으로, 행동적으로 적극 참여하는 과정'이라고 정의하였다. 방선욱(2004)은 '학습자 개인의 인지적 · 동기적 · 행동적 측면의 적극성과 능동성을 바탕으로 타인의 조력 여부와는 관계없이 학습자가 학습의 주도권을 가지고서, 자신의 학습 욕구를 진단하고, 학습목표를 설정하며, 학습에 필요한 인적 · 물적 자원을 확보하고, 적합한 학습전략을 선택 · 실행하여 자신이 성취한 학습결과를 스스로 평가하는 과정 및 활동을 의미하는 것'이라고 정의하였다.

반면에 자기조절학습의 인지적 측면에 집중하여 초인지와 유사한 개념으로 정의한 입장을 살펴보면, Corno(1986)는 '학습 내용에서 연합적 망을 조직 · 심화하며, 심화된 과정을 점검 · 개선시키려는 자발적인 노력'이라고 정의하였다. 이 같은 정의는 자기조절학습의 초인지 전략과 의지적인 면을 강조한 것이다. 그에 따르면 효율적인 인지전략을 지니고 있더라도 초인지 통제를 잘하지 못하면 학습에 실패할 수도 있다는 것이다. Pintrich와 DeGroot(1990)는 '학습자가 자신에게 주어진 학습자료를 지각한 후에 그것을 조작하여 장기기억에 저장했다가 필요할 때 인출해 내는 인지능력과 인지를 관리하고 통제하는 초인지능력'을 자기조절 학습능력으로 정의하였다. Flavell(1997)은 초인지적 지식이 학습자의 학업성취에 영향을 미치며, 학습자로서 자기 자신에 대한 지식, 학습과제의 본질에 대한 지식 그리고 전략에 대한 지식을 포함한다고 하였다. 박성은(2004)은 자기조절학습을 '학습자가 자신을 정확하게 지각할 수 있고, 긍정적인 자아개념 및 자신의 능력에 대한 확신을 바탕으로, 자신의 학습을 스스로 계획하고, 점검하고, 평가하며, 조절 및 통제하는 등의 효과적인 학습전략을 구사할 수 있는 능력'이라고 정의하여 초인지적인 면을 강조하였다.

본 연구에서 향상시키고자 하는 성취동기는 동기요인과, 학습습관은 행동요인과, 학업성취는 인지 및 초인지 요인과 가장 관련이 깊다. 따라서 본 연구에서의 자기조절학습은 동기, 행동, 인지 및 초인지 요인을 모두 포함하는 의미를 갖는다. 그러므로 본 연구에서는 자기조절학습을 '자신의 동기와 학습 행동을 자기평가하여 스스로 조절하며, 인지능력과 초인지능력을 효율적으로 활용하는 학습'이라고 정의하였다.

(2) 자기조절학습의 이론적 발달

1980년대 자기조절학습에 대한 본격적인 연구가 시작된 이래 행동주의에서 인지구성주의까지 다양한 이론적 관심을 받으면서 진행되고 있다. 자기조절학습의 이론은 조작적 관점, 현상학적 관점, 정보처리 모델의 관점, 사회인지적 관점, 의지적 관점, 비고츠키적 관점, 인지적 구성주의 관점 등 7가지로 분류되며, 각 관점에 따라 학습자가 자기조절을 하는 동기, 자기인식, 자기조절 과정, 사회적·개인적 환경의 영향, 자기조절 능력을 습득하는 방법에 있어서 다른 입장을 취하고 있다.

조작주의 이론가들은 자기조절된 행동을 모두 조작행동으로 간주한다. 개인이 스스로 강화 자극이나 벌 자극을 제공하면서 그들의 행동 가능성을 변화시키기 위해 환경을 다양한 방법으로 조절할 때 행동이 자기조절된다고 보는 것이다. 환경의 조절은 조작적 자기조절의 하위과정으로 간주되며, 자기점검, 자기교수, 자기교정 그리고 자기강화를 포함한다(Mace, Belfiore & Hutchinson, 2001). 조작주의 연구자들은 학습자가 자기조절을 하려면 자기점검과 자기기록이 중요하다고 강조한다(Zimmerman, 2001).

현상학자들은 전통적으로 인간의 심리학적 기능에 자기지각(self-perception)이 매우 중요하다고 강조해 왔다. 이러한 지각들은 학습과 학업성취를 포함한 행동적 기능의 모든 면에 영향을 미치는 독특한 정체성이나 자아 개념에서 생겨난다고 가정되었다(Zimmerman, 2001). 현상학적 관점에 따르면 학습자들이 긍정적인 자아발달을 할 수 있도록 하는 것이 무엇보다도 중요하다. 따라서 자기조절학습 능력을 향상시키는 가장 좋은 방법은 학습자들이 자신의 가치와 능력을 깨닫고, 학습에 대한 책임감을 가지도록 하는 것이다(McComb, 1989).

정보처리 이론의 관점에 의하면, 인지적 자기점검은 복잡하게 작용하나 자기조절에 비판적 역할을 하고, 자신의 기능을 인식하는 창을 제공한다고 하였다(Zimmerman, 2001). 자기조절학습에 대한 정보처리관점은 기억이 작업에 바칠 수 있는 자원을 제한하지만, 청크(chunk) 단위로 꾸러미화함으로써 실질적으로 확장될 수 있다고 보며, 방책(tatics)과 전략들(strategies)을 포함하는 스키마(schema)는 과업을 수행하면서 자기조절에 관한 정보를 떠올릴 수 있는 매우 유용한 방법을 제공한다고 보는 것이다(Winne, 2001).

Bandura의 사회적 학습이론은 자기조절의 사회적 요소들을 광범위하게 연구하도록 인도하였다(Zimmerman, 2001). Bandura(1986)는 자기조절에 대한 세 가지 하위과정으로 자기관찰, 자기판단, 자기반응을 제시하였다. 이러한 하위과정들은 서로 배타적이라기보다는 상호작용을 한다. 그 밖에도 사회인지적 인지주의 학자들은 모델링(Schunk, Hanson & Cox, 1987), 목표 설정(Schunk, 1990), 귀인 피드백(Schunk, 1982), 사회적 비교(Schunk, 1989), 전략 훈련(Schunk & Gunn, 1986) 등이 자기조절학습에서 중요한 역할을 한다고 보는 것이다.

의지적 관점의 전통적인 이론은 동기 이론적 틀 안에서 의지를 설명하려 했으나, Kuhl(1984, 1985)은 동기(motivation)와 의지(volition)를 구분하였다. 그에 따르면 동기는 행동하고자 하는 욕구나 의도로서 어떤 행동을 할 것인가를 선택하는 과정인 반면, 의지는 의도한 행동을 유지하고 실천하는 데 힘을 주는 결정 후의 자기조절 과정이라는 것이다. 의지는 각각의 사람마다 다른 경향성이다. 많은 학교 상황에서 의지가 요구되고, 의지의 통제는 교육의 중요한 산물이다(Corno, 2001).

비고츠키적 관점을 가진 연구자들은 자기조절되는 동안 언어의 역할에 관심을 가졌다. 그들은 지식과 자기통제의 자원으로서의 내적 언어와 언어적 기술을 운송하고 내면화하는 도구로서의 어른과 아이들 간의 쌍방대화에 관심을 집중하였다(Zimmerman, 2001). Vygotsky(1962)는 자기조절 발달의 과정을 내면화라는 용어로 설명하면서, 어린이와 어른들의 사회적 상호작용이 아이들을 내면화시킬 수 있는 내용을 제공한다고 하였다. 그는 의사소통을 위한 외부 언어와 자기 지시를 위한 내부 언어로 언어의 기능과 구조를 구분하였으며, 자기조절의 기능은 타율성을 특징으로 하는 외부 언어가 자기중심적 언어를 거쳐 내면화되는 과정에서 발달한다고 주장하였다.

인지구성주의적 관점의 기원은 다양하나 Bartlett(1932)과 Piaget(1952)의 연구가 기원이라는 것이 널리 언급되고 있다. Bartlett과 Piaget는 인간의 학습과 기억력의 기초로서 인지적 스키마(schema)의 관념을 진전시켰다(Zimmerman, 2001). Piaget(1952)는 아동은 동화와 조절이라는 두 가지 과정을 통하여 도식을 형성한다고 하였다. Paris와 Byrnes(1989)는 자기조절학습의 하위요소로 자기유능감, 노력, 학업과제, 도구적 전략을 들었다. 이 중에서 도구적 전략이 가장 중요하다고 보았으며, 이것은 자기조절학습에 있어서 시간, 동기, 감정을 관리할 뿐만 아니라 정보처리를 위한 학습자의 정신적·육체적 활동을 포함한다고 하였다.

2) 자기조절학습의 구성요소

본 연구에서는 자기조절학습을 동기, 행동, 인지 및 초인지 요인을 모두 포함하여 정의하였다. 그러므로 이들 요인들을 중심으로 자기조절학습의 구성요소들을 살펴보면 다음과 같다.

(1) 동기적 요인

① 자기효능감

Bandura(1986)는 인간의 행동에 가장 큰 영향을 미치는 요인은 특정한 목표를 성취하기 위한 자신의 수행능력에 대한 판단이라고 주장하였다. 그는 자기효능감이 특정한 시기에 특정한 유형의 과제를 수행할 수 있을 것인지에 대한 자신의 능력에 대한 판단과 관련이 있으며, 이것은 성공에 대한 기대와 밀접하게 연계되어 있다고 하였다(Bandura, 1986, 1993, 1997).

지각된 자기효능감은 성취상황에서 사람들의 행동과 사고, 그리고 정서적 반응에 영향을 줄 수 있다. 사람들은 그들의 능력을 벗어난 것으로 보이는 과제와 상황을 회피하려 하며 스스로 처리할 수 있다고 판단되는 활동을 찾는다(Bandura, 1986·1993). 자기효능감이 높은 사람일수록 자신의 수행목표를 높게 설정하고(Loke & Latham, 1990·1994; Zimmerman & Bandura, 1994; Zimmerman, Bandura, & Martinez-Pons, 1992), 더 어려운 과제를 선택하며(Sexon & Tuckman, 1991), 과제를 더 오랫동안 지속한다(Bouffard-Bouchard, 1990; Zimmerman, 1995a). 또한 자기효능감 판단을 통하여 직업 선택을 예측할 수 있다는 연구들도 있다(Hackett & Betz, 1992; Hackett, 1995).

학습자들이 학업상황에서 자기효능감을 판단하는 데는 정보의 네 가지 주요한 근원, 즉 실제 경험, 대리 경험, 언어적 설득, 생리적 각성이 있다고 하였다(Schunk, 1989·1990; Bandura, 1986). 첫 번째 요인은 실제 경험(actual experience)으로서, 특히 과거의 성공과 실패가 중요한 근원이다. 전형적으로 성공은 자기효능감에 대한 평가를 높이고, 실패는 그것을 더 낮춘다. 두 번째 요인인 대리 경험(vicarious experience)은 효능감에 대한 자기지각에 영향을 미친다. 예를 들어서 때때로 아동들은 동년배의 아동들이 과제를 완수하는 것을 본 후, 그들도 그 과제를 수행할 수 있다고 생각한다. Bandura(1986, 1992)는 과제에 대한 개인적 경험이 거의 없는 상황에서 갖게 되는 대리 경험이 가장 효과적이라고 주장하였다. 세 번째 요인인 언어적 설득(verbal persuasion)은 정도가 약하지만 자기효능감 판단에 영향을 준다. 교사나 부모는 때때로 아동들에게 특정한 목표를 성취할 수 있다고 설득할 수 있다. 자기효능감 판단에 영향을 미치는 마지막 요인은 생리적 각성(physiological arousal)이다. 예를 들어 시험을 치르는 동안에 식은땀이 나고 가슴이 울렁거리며 불안해하는 학생은 자기의 능력을 충분하게 드러내기 어려울 것이다.

② 목표 설정

목표 이론가들에 따르면 인간은 동일한 행동에도 각기 다른 이유를 가지고 과제에 참여하는데, 그 이유는 노력, 지속성 또는 기타 관찰 가능한 행동만큼 중요하다. 어떤 이의 목표가 좋은 성적을 받는 것이라면, 그 사람은 좋은 성적을 받는 데 도움이 되는 공부만 할 것이다. 어떤 학생은 학교 운동선수가 되는 데 필요한 최소한의 성적을 받을 정도로만 공부를 하고, 그 수준에 이르게 되면 더 이상 공부를 하지 않는다. 또 다른 이의 목표는 스스로 즐기는 것이어서 학업과 관련된 과제를 열심히 하지 않는다. 그 밖에도 질책을 받거나 바보처럼 보이지 않으려는 목표를 가진 학생은 그가 성취할 수 있을 것 같은 과제를 선택할 것이다. 목표 이론가들은 학생들의 목표를 변화시켜서 이러한 부적절한 행동을 수정하려고 한다(Stipek, 2002).

Wentzel(1989, 1991)의 연구에 따르면, 학생들은 종종 교사가 의도하는 것과는 다른 목표를 갖고 있다. 그는 고등학생들에게 12가지의 목표를 제시하고, 그것을 달성하기 위하여 학급에서 어느 정도 노력하는지를 질문하였다. 평점 평균이 중간 정도에 해당되는 학생들은 '친구와 새로 사귀거나 친구와 친하게 지내기'를 1위로 선택하였으며, 성적이 최하위권인 학생들은 '재미있는 일을 하는 것'을 1위로 선택하고 '친구와 새로 사귀거나 친구와 친하게 지내기'를 2위로 선택하였다. 성적이 최상위권인 학생들만이 학교에서 설정한 목표로서 '학습'을 '친구'보다 더 중요한 것으로 선택하였다. 이러한 사실은 학생들이 학교생활에서 설정하는 목표가 학습보다는 학습 이외의 것이 더 많다는 것을 보여 준다. 그러므로 학교에서는 학생들이 학습을 학교생활의 목표로 삼을 수 있는 동기유발 방안을 강구하여야 한다.

학생들에게 그들의 목표를 기억하도록 하는 데 있어서 장기목표가 중요하지만 학생들은 장기목표에 대한 진전 정도를 측정하기 어려운 경우가 흔히 있다. 단기목표는 과제를 좀 더 조작하기 쉽도록 하기 때문에 학생들의 자기 효능감을 증진시킬 수 있으며, 이것은 또한 숙달감을 전달해 주는 지속적인 피드백을 제공해 주기 때문에 학생들의 유능성 지각을 향상시킬 수 있다(Bandura, 1981; Harackiewicz, Manderlink, & Sansone, 1992; Locke & Latham, 1990; Schunk, 1984 · 1990 · 1991). 또한 목표가 구체적이고(즉 '나는 최선을 다하겠다'와 같은 일반적인 것이 아니라 구체적인 행동의 관점에서 양적으로 구성된 목표), 피드백이 목표와 관련된 수행 정보를 제공해 줄 때, 목표 설정은 수행에 가장 효과적이다(Locke & Latham, 1990 · 1994).

학생들은 실패할 수밖에 없는 비현실적인 목표를 세우거나 너무 쉬워서 어떤 학습도 일어나지 않을 것 같은 목표를 설정해서 자신감을 약화시키는 경우가 있다. 학생들에게 목표를 설정하는 방법을 가르치는 것은 매우 중요하다. 왜냐하면 학생들은 자신의 성취추구 행동이 매일 점검되지 않을 때 이러한 기능이 필요하기 때문이다(Stipek, 2002). 개인적 목표 설정은 또한 효능감을 높게 하고(Schunk, 1985), 성취수준을 향상시키는 것으로 밝혀졌다(Hom & Murphy, 1985). 심지어는 어린 아동들에게도 목표를 현실적으로 설정하는 방법을 가르칠 수 있다는 연구 결과가 있다. Gaa(1973)에 의하면 초등학교 1, 2학년 아동들은 도전적이지만 달성할 수 있는 적당한 목표를 스스로 설정하는 기능을 발달시킬 수 있다고 한다.

③ 성취가치

성취할 내용에 가치를 부여하는 학습자는 그렇지 않은 학습자보다 더 많은 노력을 투자할 것이고, 다소 어려운 문제라도 참고 해결하려 들 것이다. Eccles와 Midgley(1989)는 주어진 학습을 가치 있게 여기는 이유를 '성취가치'라고 하였다. 그들은 성취에 대한 가치를 느끼지 않으면 비록 성공에 대한 가능성이 높다고 하더라도 학습내용에 몰두하지 않는다고 주장하였다.

Eccles 등(1983)은 성취와 관련된 가치로 습득가치, 활용가치, 내재적 가치 등 세 가지를 내세웠다. 습득가치(attainment value)는 어떤 과제나 성취 영역에서 수행을 잘할 수 있을 것인가에 대한 주관적 중요성을 의미하며, 그것은 그 과제나 영역이 개인의 요구를 어떻게 실현시켜 주느냐에 따라 결정된다. 그리고 활용가치(utility value)는 과제 그 자체와는 관계가 없을 수도 있지만 목표를 달성하는 수단으로 과제에 대한 유용성을 의미한다. 예를 들어 특정한 학교에 진학하기 위하여 해당 과목을 열심히 공부하는 경우를 말한다. 또한 내재적 가치(intrinsic value)는 어떤 과제를 수행함과 동시에 얻을 수 있는 즐거움을 말한다. 따라서 내재적 가치가 있는 과제를 수행하는 것은 어떤 다른 목적 때문이 아니라 과제 그 자체가 주는 즐거움 때문이다.

(2) 행동적 요인

① 시간관리

전통적으로 학업시간 연구는 학습에 필요한 시간을 학업 적성으로 보았다. 그러나 최근의 연구들은 학습시간을 계획하고 통제하는 학습자들의 인지과정에 초점을 맞추면서 효과적인 학습시간의 관리가 계획이나 목적설정과 같은 학습전략으로부터 나온 결과임을 보여 준다. 다시 말해서 효과적인 학습시간의 관리는 학습자들이 자신의 학습과 수행을 자기조절한 결과라고 볼 수 있다(양명희, 2000).

Prather(1983)는 공부 못하는 학생들의 문제가 능력 부족이 아니라 학습기술이나 학습습관에 잘못이 있다고 주장하였다. 특히 다른 어느 학습기술보다도 시간관리 기술이 학업에 대한 노력을 가장 잘 예언해 주며(Bawman, 1981), 짧은 기간의 훈련만으로도 시간을 효율적으로 사용할 수 있도록 해 주고 학업성적이나 학습습관의 향상뿐만 아니라 학습에 대한 동기형성에도 효과가 있는 것으로 나타났다(Driskell & Kelly, 1980; Walter & Siebert, 1981). Macan 등(1990)도 시간관리 능력이 인지적인 결과뿐만 아니라 만족도, 자아효능감과 같은 정의적인 영역에도 영향을 미친다고 보고하였다. Britton과 Tesser(1991)는 시간을 효과적으로 관리하는 능력이 지능보다 학업성취를 더 많이 예언하고, 자아효능감과 목적 설정과도 밀접한 관련성이 있다고 주장하였다.

Paris, Lipson과 Wixson(1983)은 시간을 관리하는 능력을 학습전략 중의 하나로 보았다. 그들에 따르면 자기조절된 학습자는 시간이 제한적이라는 것을 잘 알기 때문에 자신의 학업시간을 활용하기 위해 과제에 필요한 시간이 얼마나 되고 가장 효율적인 인지전략이 무엇인지 등의 특정 전략을 사용한다는 것이다.

② 도움 구하기

효율적인 학습에는 때때로 다른 사람의 도움이 필요하다. 그러나 이는 학습에 도움을 주도록 생산적인 방식으로 이루어져야 할 것이다. 즉 학습 내용을 이해하기 위해서 선생님이나 유능한 동료에게 물어보는 것은 생산적이라 할 수 있으나, 과제를 대신해 달라고 하거나 직접적으로 정답을 요구하는 것은 그렇지 못하다(양명희, 2000; 유경호, 2004). 도움 구하기가 교실 상황에서 어떤 학습자에게는 능력의 부족을 나타내는 적합하지 못한 행동으로 지각되기도 하지만(Graham & Baker, 1990), 높은 성취를 보이는 학생은 선생님이나 친구들에게 도움을 자주 청한다 (Karabenick & Knapp, 1991; Zimmerman & Martinez-Pons, 1986). Karabenick와 Knapp(1988) 는 도움 구하기 행동과 도움의 필요성 간의 관계를 탐구하였는데, 중간 정도의 학습자들이 가장 빈번한 도움 구하기 행동을 보이는 반면, 성적이 아주 우수하거나 아주 낮은 집단의 학생들은 도움 구하기 행동을 거의 보이지 않았다고 보고하였다.

자기조절 능력이 목적을 성취하기 위해 여러 전략을 자발적으로 사용하는 능력이라고 본다면, 자신의 힘으로 해결하기 어려운 과제에 부딪혔을 때 자신보다 더 잘 알고 있다고 생각되는 사람들에게 도움을 요청하는 것은 자기조절학습의 전략이라고 할 수 있다(백승희, 2002). 좋은 학습자는 도움이 필요할 경우, 친구나 선생님 혹은 부모님에게 요청하거나 도움이 되는 정보를 탐색한다. 예컨대 "잘 모르는 것이 있으면 도서관 등에서 참고자료를 찾아보거나 사전이나 인터넷을 검색한다." 또는 "잘 이해가 되지 않는 것이 있으면 친구, 선생님 혹은 부모님께 물어본다." 등의 진술을 하는 경우를 말한다(유경호, 2004).

③ 행동통제

목표를 향한 행동을 지속하는 현상은 동기뿐 아니라 의지도 중요하다. 행동통제는 Kuhl(1984, 1985)이 동기와 의지를 분리하면서 개념화되었다. 그는 보다 마음을 끄는 대안적인 행동이 나타나는 상황에서 목표를 향한 행동을 지속하는 현상은 기대-가치 이론으로는 설명할 수 없음을 깨닫고 의지라는 개념을 도입하였다. 그는 동기(motivation)가 주로 어떤 목표를 정하기까지의 과정이라면, 의지(volition)는 목표가 일단 정해지고 난 후 그것을 해결해 나가는 과정에 작용한다고 보았다. 예컨대 공부하는 것과 노는 것 중 공부를 택하는 것이 동기의 힘이라면, 일단 공부를 시작한 후 텔레비전의 유혹과 같은 여러 방해물에도 불구하고 이를 지속하는 것은 의지라 할 수 있다. 따라서 자기조절에서의 행동통제는 여러 어려움에 부딪혀도 포기하지 않고 학습을 계속해 나가는 능력으로 볼 수 있다(양명희, 2000). Kuhl(1985)은 의지를 행동으로 옮기는 데 있어 개인차가 있다고 전제하고, 행동통제 척도(Action Control Scale)를 활용하여 이를 측정하고자 하였다.

(3) 인지 및 초인지적 요인

① 인지적 요인

자기조절을 잘하는 학습자들은 효과적으로 학습하기 위해 자기 나름의 다양한 학습전략을 사용하는데(Pintrich, Marx, & Boyle, 1993; Wine, 1995; Zimmerman, 1995b), 학습과제를 요약하고 개념을 정교화하며 내용을 조직화하는 등 적극적이고 창조적인 인지활동 수행을 보여 준다(Corno & Mandiach, 1983; Pintriach & De Groot, 1990; Zimmerman, 1986). 이러한 학습전략의 사용은 일반적으로 높은 학업성취와 상관이 있다(Peterson, Swing, Braverman, & Buss, 1982). Weistein과 Mayer(1986)도 암송, 정교화, 조직화와 같은 인지전략은 학습에 있어서 인지활동을 증가시키고 학업성취를 향상시킨다고 하여 인지과정을 중요시하였다.

인지전략(cognitive strategy)은 학습자가 자료를 기억하고 이해하는 데 사용하는 사고전략으로서 일반적으로 시연, 정교화, 조직화 전략 등이 있다(Pintrich & De Groot, 1990; 박병기 등, 2005). 여기에서 시연(rehearsal)은 단기기억 속에 정보가 사라지지 않게 하기 위한 전략으로(Weinstein & Mayer, 1986) 정보가 제시된 이후에 계속해서 반복하는 것을 말한다. 예컨대 밑줄 긋기, 강조 표시하기, 베끼기, 색칠하기, 노트하기 등이 여기에 해당하며 단순과제에서 많이 이용된다(유경호, 2003). 이 같은 시연은 다른 인지전략에 비해 다소 소극적인 특징을 지니고 있는데 교과서 내용에 집중하고 중요한 정보가 무엇인지를 선택하는 데 도움을 주지만 새로운 정보를 이미 알고 있는 내용에 통합시키는 데는 효과적이지 못하다(최옥영, 2005). 그러므로 이를 극복하기 위해서는 정교화 전략이 필요하다.

정교화(elaboration)는 학습자료를 의미 있게 하기 위하여 새 정보를 이전 정보와 관련시켜 특정한 관계를 지니도록 하는 적극적 인지 활동이다. 정보처리 이론 관점에서 설명하자면, 새로운 정보를 이전 정보와 내적으로 관계를 맺도록 하여 정보를 장기 기억으로 저장하는 것이다. 주요 개념을 공부할 때 자신이 이해할 수 있는 말로 바꾸어 보기, 요약하기, 질문하기, 실생활과 관련시켜 보기, 구체적인 예를 생각해 보기, 외워질 때까지 반복해서 써 보기 등이 여기에 해당된다.

조직화(organization)는 학습내용 요소 간의 관계를 논리적으로 구성해 보는 것으로 중요한 개념을 중심으로 내용을 분석해 보거나 이들 간의 어떤 관계가 존재하는지 추론하는 것이다. 심층적인 이해를 필요로 하는 조직화 전략은 단순한 사실을 암기하는 시연과는 큰 차이가 있다. 예컨대 내용이 복잡할 때 도표로 그리거나 요약하기, 중요한 내용을 따로 정리해 보기, 역사적 사실을 묶어 보기 등의 활동이다(최옥영, 2005; 유경호, 2004; 양명희, 2000).

② 초인지적 요인

초인지는 학습을 결정하는 중요한 예언변인의 하나로서 1970년대 말부터 연구가 계속되고 있다. 초인지란 인지 자체라기보다는 자신의 인지에 관한 지식이며, 자신의 인지과정에 대한 통제와 지적 평가의 결과이다(Brown, 1978). 초인지는 흔히 두 가지 측면을 지칭하는데, 첫째 측면은 인지를 지각하고 그 인지에 대해 아는 것이며, 두 번째 측면은 인지를 통제하고 조정하는 것이다(Flavell, 1979). 따라서 초인지 전략 사용 능력은 자신의 인지를 통제하고 조절하는 전략들을 사용하는 능력이라 할 수 있으며, Brown(1987)은 이를 계획(planning), 점검(monitoring), 조절(regulation)로 나누었다. Zimmerman(1986)은 자신의 학습과정을 계획하고, 점검, 조절하는 초인지적 전략이야말로 자기조절학습에서 가장 중요한 역할을 수행하며, 이러한 학습자가 자기조절 학습자라고 주장하였다.

계획(planing)은 어떤 전략과 정보처리를 사용할 것인지에 대한 생각을 일컫는다. 예컨대 시작 전에 차례부터 살펴보기, 무슨 내용에 대한 것인지를 대강 훑어보기, 문제를 풀기 전에 무엇을 묻고자 하는지를 추측하기가 여기에 해당된다고 볼 수 있는데, 이들은 학습에 어떤 인지전략을 사용할 것인지를 계획한다는 점에서 공통적이다(양명희, 2000).

점검(monitoring)은 자신의 주의집중을 추적하면서 이해 정도를 확인하는 것으로(최옥영, 2005; 박성은, 2003; 양명희, 2000) 초인지의 핵심을 이루기 때문에 점검 없이 초인지적 활동을 설명하기란 불가능하다(Weinstein & Mayer, 1986; Zimmerman, 1990). 점검에는 학습내용에 집중하기, 자신의 이해 정도를 스스로 평가해 보기, 시험 보는 동안 문제 푸는 속도 체크하기, 자신이 얼마나 이해했는지를 검증해 보기가 해당되며, 이러한 활동은 수행 결과와 내재적 흥미를 높여 주는 역할을 한다

(Morgan, 1985).

조절(regulation)은 점검과 밀접한 관련이 있다. 자신의 인지전략을 점검하다가 문제가 생기게 되면 앞으로 돌아가고, 이해하기 어려운 부분이 있으면 속도를 줄이는 것이 조절이다. 따라서 조절은 이러한 것들을 지원하면서 자신의 학습 행동을 교정하고 잘못 이해한 부분이 있으면 고침으로써 학습을 향상시키게 되는 것이다(양명희, 2000).

이 밖에 Zimmerman(1986)은 자기조절학습 전략의 초인지적 영역에 자기평가, 조직과 변형, 목표설정과 계획, 기록 유지 및 조절, 암송 및 기억, 노트 복습, 시험지 복습, 교재 복습 등이 포함된다고 밝혔다. Pressley(1986) 그리고 McKeachie, Pintrich와 Lin(1985)은 인지전략을 잘 사용하는 학습자가 초인지적 활동도 많이 수행한다고 하였다. 반면에 Pintrich(1989)는 인지와 초인지적 지식만으로 학생들의 학업성취를 증가시키기에 충분하지 않다고도 보고하였다.

3) 자기조절학습과 성취동기, 학습습관, 학업성취와의 관계

(1) 자기조절학습과 성취동기

동기이론은 특정한 행동을 설명하고 행동의 발생을 예언하며 행동의 수정을 돕기 위하여 개발되었다. 자기조절학습이 학생 스스로 학습과제를 해결해 나가는 데 의의가 있다면, 성취동기 없이는 자기조절학습을 하기가 어려울 것이다. White(1959)도 인간이란 자신의 지적 능력과 그 밖의 다른 능력을 개발하기 위하여 동기화되며, 자신의 성취를 통하여 즐거움을 얻고자 한다고 가정하였다. 만약 성취 맥락에서 어떤 사람의 행동 방식을 설명할 수 있다면 그의 행동을 변화시킬 수 있을 것이다(Stipek, 2002).

Wolters(1996)는 동기조절과 자기조절학습의 관계를 연구하였는데, 내재적 동기조절 전략을 많이 사용하는 학생들이 시연, 조직화, 정교화, 비판적 사고 같은 인지적 전략과 노력조절, 초인지조절을 많이 사용한다고 보고하였다. 반면에 외재적 동기조절을 많이 사용하는 학생들은 다른 학생들보다 시연 같은 인지적 전략

만을 사용한다고 하였으며, 학생들의 외재적 동기조절은 내재적 동기조절보다 인지적 결과와 관련성이 적게 나타났다고 밝혔다. 이후 Wolters(1998)는 대학생들을 대상으로 자기조절학습과 동기조절에 대해 연구하여, 학생들이 다양한 학업적 상황에서 자신의 학업을 지속하려고 여러 가지 동기조절 전략을 사용한다는 것을 확인하였다. 즉 학생들은 과제 완성을 위하여 자신의 물리적이고 정신적인 환경을 조절한다는 것이다.

자기조절학습에 있어서 동기적 요인의 중요성을 강조한 Pintrich와 DeGroot(1990)는 동기와 자기조절, 성취도와의 관계를 파악하기 위하여 미국의 7학년 학생들을 대상으로 동기와 인지전략, 자기조절전략 사용에 관한 검사를 실시하였다. 연구 결과, 자기효능감과 내적 가치는 인지전략 및 자기조절과 긍정적인 상관관계가 있었으며, 자기조절, 자기효능감과 시험불안은 학업성취도를 예측할 수 있는 중요한 변인이라고 밝혔다. McComb와 Marzano(1990)는 학습자의 동기와 자기조절학습은 서로 관련되어 있지만, 자기조절학습에 있어서 동기가 기본적인 것이며, 동기화의 과정을 거친 다음에 학습자의 자기조절 학습과정이 일어나는 것으로 보고 있다.

한편 국내에서는 박성은(2004)이 학업능력 자아개념과 본질동기가 자기조절학습에 미치는 영향을 중·고등학생을 대상으로 연구하였다. 연구 결과, 중·고등학생의 학업능력 자아개념과 본질동기가 높은 집단이 자기조절학습도 의미 있게 높게 나타났다고 보고하였다. 또한 중·고등학생의 학업능력 자아개념과 본질동기는 그들의 자기조절학습에 대해 의미 있게 영향을 미쳤다고 밝혔다. 봉갑요(2004)는 초등학교 3학년 독해부진아들을 대상으로 자기조절학습 프로그램을 20차시 적용한 후, 그 영향을 알아보았다. 이 연구 결과, 자기조절학습을 적용한 집단이 그렇지 않은 집단에 비해서 자기효능감과 독해력이 유의미하게 향상되었으며, 나아가 자기조절학습 전략사용, 내재적 가치, 초인지, 인지전략, 자원관리전략에서도 유의미한 향상을 나타냈다고 보고하였다. 김은영과 박승호(2006)는 여대생을 대상으로 동기조절 훈련 프로그램을 10회기 적용하고 자기조절학습과 학업성취에 미치는 효과를 검증하였다. 그들은 동기조절 훈련 프로그램이 학생들의 동기조절 능력 향상에 도움을 주었고, 자기조절학습 능력뿐만 아니라 학업성취 향상에도 도움을 주었다고 보고하였다. 유경호(2004)는 대학생을 대상으로 자기조절학습 수업전략의 효과를 검증하였다. 그 결과 대학생의 학습동기와 자기효능감 향상에 있어서 ARCS 모델기반 자기조절학습 수업모형과 자기조절학습 기반 수업모형이 전통적 강의식 수업모형보다 효과적이지만, 학업성취 점수에 있어서는 세 수업모형 간에 통계적으로 유의미한 차이가 없다고 밝혔다.

이상과 같이 동기와 자기조절학습의 관계를 탐색한 연구들은, 동기 요인이 인지전략 및 자기조절과 긍정적인 상관관계가 있을 뿐만 아니라 학업성취를 예측할 수 있으며(Pintrich & De Groot, 1990), 내재적 동기조절 전략을 많이 사용하는 학생들이 인지적 전략과 노력조절, 초인지조절을 많이 사용하고(Wolters, 1996), 본질동기가 높은 집단이 자기조절학습도 의미 있게 높다(박성은, 2004)는 것을 보여 주었다. 또한 실험 연구에서는 자기조절학습 프로그램이 동기요인 향상에 영향을 미쳤거나(봉갑요, 2004; 유경호, 2004), 동기조절 훈련 프로그램이 자기조절학습에 효과적이라고(김은영 · 박승호, 2006) 보고하였다.

이들 연구에서 사용한 동기의 개념이 모두 학업성취 상황에 관련되어 있기는 하지만 성취동기를 직접적으로 연구한 것이 아니라는 한계를 가지고 있다. 이러한 점은 동기와 자기조절학습, 학업성취가 밀접한 관련이 있음을 시사받을 수는 있지만, 성취동기를 향상시키기 위한 적절한 방법이 무엇인지에 대한 의문을 해결하기는 어렵다. 그러므로 이에 대한 대안으로 성취동기를 향상시킬 수 있는 기법과의 통합을 고려해 볼 필요가 있다.

(2) 자기조절학습과 학습습관

Brown과 Holtzman(1967)은 학습습관을 행동요소와 태도요소로 구성된다고 하여 두 요소를 학습습관으로 보았다. 여기에서 행동요소란 학교와 가정 등의 여러 학습상황에서 활용될 수 있는 학습과 관련된 행동을 의미한다. 아울러 태도요소란 교사, 학교, 학습과제 등의 여러 요소에 대한 학습자의 반응 경향성을 의미한다. 이 태도는 긍정적인 것과 부정적인 것이 있으며, 개인의 다양한 학습경험을 통하여 형성된다(강태용, 2002). 그러므로 자기조절학습과 학습습관의 관계는 학습습관뿐만 아니라 학습태도와 자기조절학습의 행동중심 연구(시간관리, 도움 구하기, 행동통제 등)에서도 간접적으로 알아볼 수 있다.

자기조절학습이 학습자 스스로 학습에 집중하여 고차적인 전략을 의도적으로 사용하는 것이라고 한다면, 행동통제가 선행되어야 한다. Kuhl(1985)은 행동통제에 있어서 개인차가 존재한다고 주장하였다. 나아가 Brunstein과 Olbrich(1985)는 Kuhl의 이론을 검증하기 위해 실험을 실시하였다. 그들의 실험 결과, 행동지향적인 피험자는 실패 후에도 효과적인 전략을 사용하면서 수행을 잘하였으나, 상태지향적인 피험자는 곧 수행의 감소를 보였다고 보고하였다. 또한 행동지향적인 피험자는 문제해결적 사고와 효율적인 전략으로 지속적인 실패에 대응하였으나 상태지향적인 피험자는 감정적이고 자기평가에 대한 진술을 많이 하였으며, 부적합한 문제해결 전략을 사용하였다고 밝혔다. 이러한 결과는 행동지향적인 피험자가 실패 후에도 효과적인 전략을 지속적으로 사용한다는 점과 학습습관이 학습에 있어서 일관된 행동 양식이라는 점을 감안하면 상호 관련성이 있는 것이다.

김정환과 정미수(2005)는 초등학교 6학년을 대상으로 의지조정 전략과 행동통제성이 자기조절 학습능력 및 학업성취에 미치는 효과를 알아보았다. 이 연구 결과 의지조정 전략은 학습자의 자기조절 학습능력과 학업성취를 향상시켰으며, 행동통제성도 자기조절 학습능력과 학업성취에 영향을 미치는 요인이라고 밝혔다. 의지조정전략과 행동통제성이 내면화되면 학습습관으로 나타난다는 점에서 본 연구에 시사받을 수 있다.

공부 못하는 학생들의 문제는 능력 부족이 아니라 학습기술이나 학습습관의 잘못에 있고(Prather, 1983), 특히 시간관리 기술이 학업성취를 가장 잘 예언해 준다(Bawman, 1981)고 밝혀졌다. 정택희(1987)는 중학교 1, 2, 3학년을 대상으로 공부 횟수와 공부시간의 길이를 양적인 시간과 질적인 시간으로 나누어 학업성취와의 관계를 분석하였다. 여기서 질적 시간이란 인지적 노력을 투입한 시간을 말한다. 이 연구의 결과, 인지적 노력 투입의 질적 시간만이 학업성적과 r=.26(<.05)의 상관이 있음을 보고하였다. 이러한 연구 결과를 볼 때, 학습습관 중에서도 시간관리

기술을 익히도록 지도하여야 하며, 시간관리 기술과 함께 인지적 전략도 함께 지도할 필요가 있다.

자기조절학습의 행동요인 중의 하나인 도움 구하기는 타인에 의존하여 학습하려는 성향으로 바라보기보다 적극적인 학습 행동의 한 형태로 인식할 필요가 있다. 도움 구하기는 일찌감치 포기하는 것이나 수동적으로 기다리는 것보다는 훨씬 유익하고 바람직한 학습방법이다(양명희, 2000). 높은 성취를 보이는 학습자들은 도움 구하기의 가치를 잘 인식하고 있는데, 실제로 높은 성취자와 낮은 성취자를 구분해 주는 한 가지 특징은 정보와 사회적 도움을 추구하는 경향이다(Zimmerman & Martinez-Pons, 1986 · 1990). 이러한 도움 구하기도 자기조절학습의 행동요인 중 하나로 학습습관에 간접적인 시사점을 줄 수 있다.

이신동(1999)은 자기조절 학습능력 향상 프로그램의 효과범위를 탐색하였다. 이 연구에서는 Zimmerman(1998)의 자기조절학습에 대한 이론을 근거로 프로그램을 구성하였고, 초등학교 4, 5, 6학년 학생들에게 적용하였다. 연구 결과, 자기조절 학습능력 향상 프로그램은 자주적 학습태도에 학년별, 남녀별로 유의미한 영향을 미쳤다고 밝혔다. 또한 6학년에는 자기조절학습 전략의 사용을 촉진하였으나 논리적 문제해결에는 전반적으로 효과적이지 못하였다고 보고하였다. 학습습관이 행동요소와 태도요소로 구분된다는 Brown & Holtzman(1967)의 관점을 받아들인다면, 이신동(1999)의 자기조절 학습능력 향상 프로그램이 자주적 학습태도를 향상시켰다는 연구는 자기조절학습과 학습습관의 관계 설명에도 도움을 주는 것이다.

김용수(1998)는 초등학교 6학년을 대상으로 수학과 자기조절학습 프로그램의 효과에 관한 실험연구를 하였다. 21차시 동안 자기조절학습을 적용한 집단은 전통적인 학습 집단에 비하여 행동적인 조절기능, 자기효능감, 내재적 가치, 인지조절, 자기조절, 초인지, 초동기, 환경적인 조절기능, 학업성취가 의미 있게 향상되었으나, 의지적 통제에서는 의미 있는 향상이 없었다고 보고하였다. 이 연구는 행동적인 조절기능과 환경적인 조절기능이 의미 있게 향상되었다는 점에서 학습습관과 관련이 있다.

이상의 연구내용들을 종합해 보면, 행동통제성은 자기조절 학습능력에 유의미한 영향을 미치고(Kuhl, 1985; Brunstein & Olbrich, 1985; 김정환·정미수, 2005), 공부를 못하는 것은 학습습관이 잘못되어 있기 때문이며(Prather, 1983), 학습습관 중 가장 큰 비중을 차지하는 것은 시간관리이고(Bawman, 1981), 높은 성취자들은 다른 사람에게 도움을 구하는 경향이 있다는 것이다(Zimmerman & Martinez-Pons, 1986·1990). 이러한 행동통제성, 시간관리, 도움 구하기가 일관적인 행동 경향성을 보인다는 점에서 학습습관과 관련이 있다. 또한 자기조절학습 프로그램을 초등학생에게 적용한 연구들은 학습태도(이신동, 1999)와 행동적인 조절기능(김용수, 1998)에 유의미한 향상이 있었다고 보고하였다.

그러나 기존 연구들은 자기조절학습과 학습습관을 직접적으로 연구하지 못하고, 자기조절학습의 행동요인 중의 하나 정도와의 관계만을 다루었다는 한계를 가지고 있다. 그러므로 학생들의 학습습관을 개선할 수 있는 효과적인 방법의 탐색이 필요하다. 학습습관을 개선하는 데는 자신의 행동을 통제할 수 있는 내적 통제력이 중요한데, 이러한 내적 통제력 증진에 효과적인 기법과의 통합을 고려해 볼 필요가 있다.

(3) 자기조절학습과 학업성취

자기조절학습과 학업성취에 관한 연구는 상관관계, 자기조절학습 하위요인이 학업성취에 미치는 영향 또는 하위요인을 합산하여 자기조절학습이 학업성취에 미치는 영향 등을 알아보는 연구들이 진행되었다. 아울러 교과와 관련된 연구들도 진행되고 있는데, 본 연구와의 관련성을 고려하여 국어과와 수학과 관련 연구들을 중심으로 살펴보기로 한다.

Zimmerman과 Martinez-Pons(1989)는 자기조절학습의 하위요소들은 학업성취와 유의미한 관계를 가지고 있는데, 이는 학업성취의 80%까지 설명할 수 있다고 하였다. Pintrich와 DeGroot(1990)는 자기조절 학습능력과 학업성취의 상관은 과제의 유형과 관계없이 긍정적으로 유의미한 상관을 보이고 있으며, 자기조절학습과 동기 역시 유의미한 상관이 있음을 보여 준다고 하였다. Zimmerman과 Martinez-Pons(1990)

에 따르면 자기조절학습 전략의 사용과 자기효능감의 지각은 수학에서 r=.41, 언어영역에서 r=.42로 상당히 높은 것으로 나타났다. 이들에 의하면 자기조절학습에 대한 효능감이 학업에 대한 효능감에 영향을 주고, 학업에 대한 효능감은 실제 학업성취에 영향을 준다는 것이다.

김홍원(1993)은 초등학교 4학년 학생들을 대상으로 상위인지와 학업성적(국어, 수학, 사회, 과학 교과의 기말, 중간고사 평균 점수) 간의 관계 연구에서 상관이 r=.42~.50이며, 지능과 귀인양식의 영향을 제거한 부분상관은 r=.29~.32라고 보고하였다. 그러나 박승호(1995)는 초등학교 3, 4, 5학년 학생들을 대상으로 학업성취 예언을 위해 경로분석을 하였는데, 상위인지가 학습자들의 학업성취에 유의미한 영향을 미치지 않는다고 보고하면서 초등학생들이 갖는 자기보고 측정의 문제에 기인할 수도 있음을 시사하였다.

정미경(1999)은 초·중·고등학생을 대상으로 자기조절학습과 학업성취 간의 관계를 연구하였다. 이 연구 결과 자기조절학습은 학업성취수준에 따라 크게 차이를 보이고 있어서 자기조절학습과 학업성취 간에는 높은 상관이 있다고 보고하였다. 즉 학년에 관계없이 연구대상들은 학업성취 상위집단이 중간집단이나 하위집단보다 자신의 능력에 대한 신념이 강하고, 학습에 대한 흥미가 많으며, 상위인지 수준이 높고, 시연, 조직화, 정교화와 같은 인지전략을 효율적으로 사용한다는 것이다. 또한 학업성취 상위집단 학생들은 학습을 방해하는 주의 산만한 요인들을 잘 통제하면서 자신의 본래 학습 의도를 지속적으로 유지하여 학습 목적을 달성하고자 노력할 뿐만 아니라, 자신의 시간과 공부관리를 잘하는 경향이 있다고 주장하였다. 박금옥(1998)은 청소년들의 자기조절학습 전략 정도와 학업성취 및 사회적 능력에 관해 연구하였는데, 청소년들의 자기조절학습 전략과 학업성취 간에는 정적인 상관이 있다고 보고하였다. 양명희(2000)도 중·고등학생들을 대상으로 자기조절학습의 모형을 탐색하였는데, 자기조절학습의 모든 구성요소들은 학업성적과 유의미한 상관을 보였다고 보고하였다. 그러나 지능과 학업성적의 상관은 낮았으며, 지능의 영향력을 통제한 상태에서도 자기조절학습 구성요소들과 학업성적의 상관이 여전히 유의미하였다고 밝혔다.

Corno와 Mandinach(1983), Weinstein과 Mayer(1986) 등은 시연, 정교화, 조직화와 같은 인지전략의 사용으로 학습재료를 기억, 조직, 변형하여 학습하려고 노력하는 아동이 그렇지 않은 아동보다 높은 수준의 학업성취를 나타냈다고 보고하였다. Zimmerman(1990)은 자기조절학습자는 열악한 공부 환경 속에서도 성공적으로 학습을 수행할 수 있는 방법을 찾아낸다고 하였다.

Graham과 Harris(1989a · b)는 학습장애 학생들에게 자기조절 쓰기전략을 가르치는 것이 그들의 자기효능감과 쓰기 수행력을 향상시킨다는 점과 향상 점수가 수업 후에도 유지되고 다른 상황과 내용으로 일반화된다는 점을 밝혀냈다. 여기에서 사용된 전략은 인지적 모델링이다. Collins(1991)는 5, 6학년 학생들에게 주당 3일씩 한 학기 동안 독해 전략 수업을 제공하여 향상된 독해력을 산출하였다. 그녀의 학생들은 예측하기, 불확실할 때 명료화 추구하기, 텍스트에 제시된 논거들에서 패턴과 원리 찾아보기, 텍스트 처리 기간 중에 발생하는 의사결정 분석하기, 문제 해결하기(역행적 추론 및 시각화를 사용하는 일 포함), 요약하기, 텍스트에 있는 아이디어 개조하기(텍스트에 있는 아이디어의 부분들을 재배열하는 일 포함) 그리고 집단 속에서 텍스트의 해석을 협상하기 등에 대해서 가르침을 받았다. 그 결과 사전검사에서는 실험집단과 통제집단 간 차이가 없었으나, 표준화 성취도 사후검사에서는 처치조건과 통제조건 사이에 3SD의 차이가 존재했는데, 이는 매우 큰 처리 효과를 나타낸다고 밝혔다.

초등학생을 대상으로 한 자기조절학습 프로그램이 수학과 학업성취(김용수, 1998)와 독해부진아의 독해력 향상(봉갑요, 2004)에 유의미한 영향을 미쳤다는 보고가 있었다. 김정환과 정미수(2005)도 초등학교 6학년 학생들에게 적용한 의지조정 전략과 행동통제성이 학습능력과 학업성취를 향상시켰다고 보고하였다. 김만권과 이기학(2003)은 고등학생을 대상으로 자기조절학습전략 프로그램이 학업성취와 심리적 특성에 미치는 효과를 알아보았다. 연구 결과, 자기조절학습전략이 실시된 집단은 실시하지 않은 집단에 비해 국어와 영어 교과에서 유의미한 학업 성적의 향상이 있었다고 보고하였다. 그러나 대학생을 대상으로 한 유경호(2005)의 연구에서는 ARCS 모델기반 자기조절학습 수업모형과 자기조절학습 기반 수업

모형, 전통적 강의식 수업모형 간에는 학업성취 점수에 있어서 유의미한 차이가 없었다고 보고하였는데, 그 이유를 연구의 일차적 목적이 학습동기 향상에 있고, 학업성취 검사도구가 적용된 전략과 맞지 않아 생긴 결과일 수 있다고 밝혔다.

이상의 연구 내용을 종합해 보면, 학업성취에 미치는 효과에 있어서 자기조절학습과 강의식 수업 간의 차이가 없었다는 유경호(2005)의 연구를 제외한 대부분의 연구에서는 자기조절학습 하위요인과 자기조절학습이 학업성취에 영향을 미쳤다고 보고하였다(Corno & Mandinach, 1983; Weinstein & Mayer, 1986; 김정환·정미수, 2005). 또한 상위인지가 학업성취에 영향을 미치지 않는다는 보고(박승호, 1995)도 있었으나, 자기조절학습과 학업성취 간의 상관관계를 연구한 대부분의 연구에서는 이 두 변인 간에 유의미한 상관이 존재한다고 하였다(정미경, 1999; 박금옥, 1998; 양명희, 2000). 자기조절학습을 국어와 수학 영역에 적용한 연구에서는 쓰기 수행능력(Graham & Harris, 1989a·b), 독해능력(Collins, 1991; 봉갑요, 2004), 수학 학업성취(Schunk & Cox, 1986; 김용수, 1998)에 유의미한 효과가 있었다고 밝혔다.

이와 같이 자기조절학습과 학업성취 간에는 상관이 높고, 자기조절학습이 학업성취에 유의미한 영향을 미쳤다는 보고가 대부분이어서 자기조절학습이 학업성취에 강점을 가지고 있다고 말할 수 있다. 그러나 학업성취 향상을 위해서는 교과와 참여자의 특성에 맞는 학습전략을 개발해야 한다는 과제를 안고 있다.

2. 선택이론과 현실요법

1) 현실요법의 근간이 되는 선택이론(Choice Theory)

(1) 선택이론의 의미와 기본욕구

Glasser는 Powers(1973)가 제시한 '지각의 통제(Behavior: The control of perception)' 이론이라는 뇌의 기능에 대한 설명으로부터 그의 선택이론을 발전시켰다. 선택이론은 모든 생물체의 심리적이고 생리적인 행동을 설명하는 생물학적 이론으로 모든 생물들이 어떻게 그리고 왜 행동하는가를 설명하는 이론이다. 인간이 하나의 통제체계로서 욕구충족을 위하여 행동한다는 것을 뇌의 기능과 관련하여 설명한다. 이 이론에서는 우리가 하는 모든 것을 행동이라고 지칭하며, 자극 – 반응 이론이 행동을 외부적인 것에 의해 조건화되었다고 주장하는 것과 대조적으로 우리가 하는 행동은 모두 내면적인 것에 의해 동기화된다고 주장하고 있다. 우리가 행동하는 모든 것, 즉 좋은 것과 나쁜 것, 효율적인 것과 비효율적인 것, 즐거운 것과 고통스러운 것, 정상적인 것과 비정상적인 것들 모두가 우리 내면에 있는 강한 욕구를 충족시키기 위한 선택이라고 본다. 기본적인 인간의 욕구는 사랑과 소속 욕구(belonging need), 힘에 대한 욕구(power need), 자유에 대한 욕구(freedom need), 즐거움에 대한 욕구(pleasure need)와 생존에 대한 욕구(survival need) 등 다섯 개로 구성되어 있으며, 그 욕구들이 행동을 유발시키는 근원이 된다(김인자, 2005).

사랑과 소속의 욕구(belonging need)는 사랑하고 사랑받으며 나누고 협력하고자 하는 인간의 속성으로 결혼, 가족형성, 친구 사귀기 등이 여기에 속한다. 힘에 대한 욕구(power need)는 사회적 지위 추구, 부의 축적, 승진 등과 같이 경쟁하고 성취하고 중요한 존재이고 싶어 하는 속성이다. 자유에 대한 욕구(freedom need)는 이동하고 선택하는 것을 마음대로 하고 싶어 하는 욕구로 원하는 곳에서 사는 것, 종교 활동, 의사표현 등이 여기에 해당된다. 즐거움에 대한 욕구(pleasure need)는 새로운 것을 배우고 놀이를 통해 즐기고자 하는 속성이며, 생존에 대한 욕구(survival need)는 살고자 하고 생식을 통한 자기확장을 하고자 하는 속성이다. 인간은 생존,

사랑과 소속, 힘, 즐거움, 자유에 대한 기본욕구들 중 하나 혹은 그 이상의 욕구를 만족시키기 위해서 행동하는 것이며, 우리들 자신을 통제하려고, 더 나아가 우리가 살고 있는 환경을 통제하기 위한 최선의 선택을 하려고 시도하는 것이라고 보기 때문에 선택이론이라고 부른다.

(2) 좋은 세계(Quality World)와 학교 학습

인간의 욕구는 기본적이고 본질적인 것이지만 욕구를 충족시켜 주는 구체적인 대상인 바람(Want)은 각 개인에 따라 독특하고 고유하다. 그 이유를 선택이론에서는 각자에게 존재하는 독특하고 중요한 좋은 세계(quality world) 때문이라고 설명하고 있다. 이 작은 개인적 세계는 태어나자마자 곧 기억 속에 만들어지기 시작해서 일생 동안 창조되고 재창조되는 세계이다. 이 세계는 우리가 아는 어떤 다른 것보다도 우리의 욕구들 중 하나 또는 그 이상을 가장 잘 충족시켜 주는 구체적인 사진들의 작은 집단으로 이루어져 있다.

좋은 세계(quality world) 속의 사진들은 세 범주 안에 포함된다. 즉 가장 같이 있고 싶은 사람들, 갖고 싶거나 경험하고 싶은 일들, 행동을 주관하는 아이디어나 신념 체계들이 그것이다. 현실에서 만나는 사람이나 일 그리고 신념이 좋은 세계(quality world) 안에 들어 있는 사진과 일치될 때 인간은 좋은 기분을 느끼게 된다. 우리의 좋은 세계(quality world) 안에 들어갈 사람들을 우리가 선택할 수 있고 마음대로 그런 사람들을 그려 볼 수 있을 뿐만 아니라, 그 사진들을 빼내어 버리기를 선택할 수도 있다. 일과 신념도 마찬가지이다(Glasser, 1998a). 인간은 이렇게 일생을 통하여 더 중요하다고 생각하는 사진들을 바꿔 가면서 인생의 방향도 변화시킨다.

이와 같은 좋은 세계(quality world)에 대한 논리가 학년과 학교 급이 올라갈수록 학력이 저하되는 현상을 설명하는 데 도움이 된다. 초년생들은 보통 교사가 시키는 일을 열심히 한다. 그들은 사랑하는 가족들로부터 학교는 좋은 곳이라는 이야기를 들어 왔기 때문에 자신들의 좋은 세계(quality world) 속에 학교, 선생님, 학습에 대한 좋은 사진들을 가지고 있다. 대부분의 유치원생과 초등학교 1학년생들은 자신들이 들어 온 이야기가 사실이라는 것을 알고, 열심히 공부한다. 이뿐만 아니라 부모님을 기쁘게 해 드리고 싶어 하는 어린 학생들은 자기들을 보살펴 주는 선생님을 그들의 좋은 세계(quality world) 속에 강력한 사진으로 간직한다. 그러나 1학년이 지나면, 학교를 만족스럽게 생각하는 학생의 숫자가 점차 줄어들기 시작한다. 이는 강압이 심해지기 때문이며 학생들은 이전만큼 기분 좋게 느끼지를 못한다. 대부분의 어린이들에게 이러한 과정이 심화되고 중학교(미국의 7, 8, 9학년)에 이르면 정점에 달하게 되는데, 이때쯤이면 학생들은 그들의 좋은 세계(quality world)에서 교사들, 학습 그리고 결국은 학교라는 사진까지 제거하기 시작한다. 그러므로 학교에서 강제성을 제거할 수 없다면, 교육에 있어서의 문제를 줄일 수 없을 것이다. 강제적인 것은 어느 것이나 어떤 사람의 좋은 세계(quality world) 안으로 들어갈 수 없기 때문이다(Glasser, 1998b).

(3) 전행동(Total Behavior)

인간은 태어나는 그 순간부터 욕구를 충족시키는 데 필요한 수많은 행동을 배우게 되는데, 인간 두뇌 속의 행동체계에서 개인적이고도 독특한 방법으로 끊임없는 조직과 재조직을 함으로써 자기가 현명하다고 여겨지는 창의적인 아이디어를 전행동(total behavior)에 옮기기 시작하고, 그러한 과정을 반복하면서 자기 인생의 기초를 만들어 가는 것이다. 전행동(total behavior)은 활동하기, 생각하기, 느끼기, 신체반응으로 구성되어 있다. 선택이론에서는 이 네 요인이 동시에 일어나고 있기 때문에 행동(behavior)이라는 한 단어를 전행동(total behavior)이라는 두 단어로 확장시켜 설명하고 있다. 활동하기, 생각하기, 느끼기 그리고 신체반응은 우리들의 모든 행동과 연관 지어져 있다(Glasser, 1998a).

전행동(total behavior)의 요소 중 활동하기에 대해서는 개인이 거의 완전한 통제력을 가지고 있고, 생각하기에서도 얼마간의 통제력이 있으나 느끼기는 통제하기가 어렵고, 신체반응은 더욱더 통제할 수 없다. 다시 말해서 활동하기 부분에 관해서는 항상 통제력을 가지고 있으므로 우리가 이 부분을 구체적으로 변화시킨다면, 생각하기, 느끼기 그리고 신체반응까지도 자동적으로 변화가 따라오게 된다는 것이다(김인자, 2005).

Glasser(1996)는 선택이론을 [그림 Ⅱ-1]과 같이 제시하고 있다.

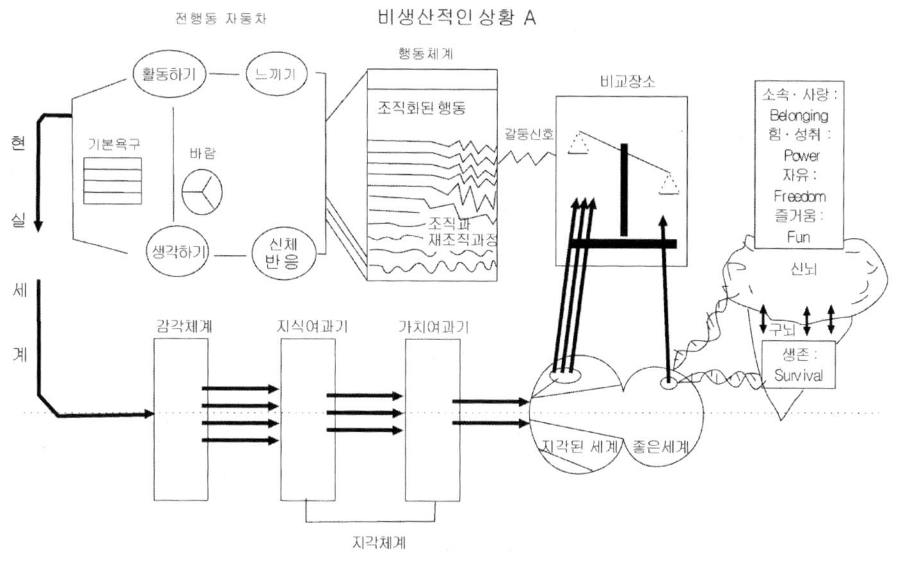

출처: 김인자, 2005, 『현실요법과 선택이론』, 서울: 한국심리상담연구소, p.178에서 재인용.

[그림 Ⅱ-1] 선택이론: 우리는 왜 그리고 어떻게 행동하는가

2) 현실요법의 과정

(1) 상담환경 가꾸기

현실요법은 크게 두 과정, 즉 상담환경 가꾸기와 행동변화를 위한 과정으로 구성되어 있다. 현실요법에서의 상담이란 이 두 과정을 조화시켜 내담자로 하여금 그들의 삶을 스스로 평가하고 바람직한 방향을 선택하도록 도와주는 작업이다. Wubbolding(1988)은 '현실요법을 적용한 카운슬링 사이클'을 [그림 Ⅱ-2]와 같이 제시하고 있다.

모든 상담은 상담환경 가꾸기라는 기초 위에서 진행되는데, Wubbolding(1988)

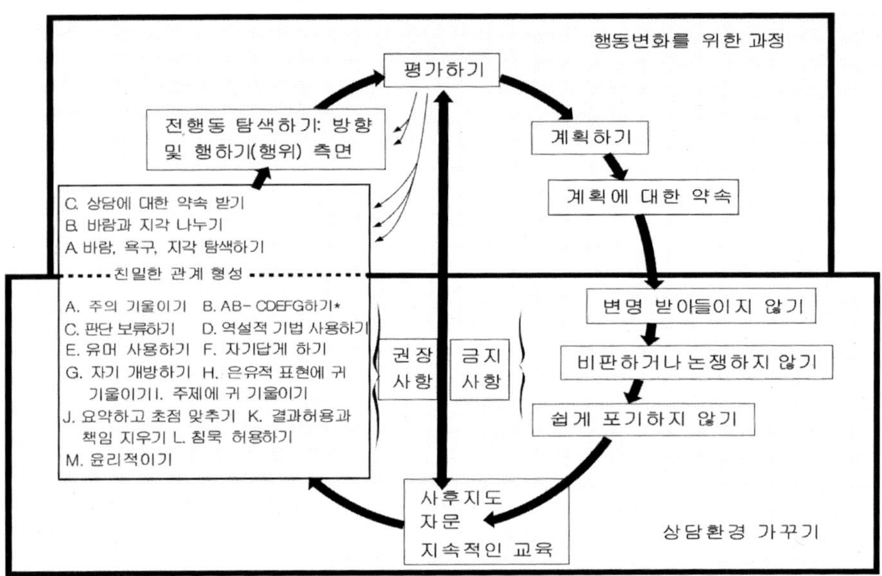

*주(註). AB: always be(언제나), C: courteous(예의 바르게), D: determined(신념을 가지고), E: enthusiastic(열성적으로), F: firm(단호하게), G: genuine(진실하게)

출처: Wubbolding, 1988, Using reality therapy, New York: Harper & Row, p. 12.

[그림 Ⅱ-2] 현실요법을 적용한 상담 사이클

은 '현실요법을 적용한 카운슬링 사이클'의 하단에 상담자의 금지사항과 권장사항을 제시하고 있다. 금지사항은 변명 받아들이지 않기, 비판하거나 논쟁하지 않기, 쉽게 포기하지 않기 등이다. 반면에 권장사항으로 주의 기울이기, 판단 보류하기, 역설적 기법 사용하기, 유머 사용하기, 자기답게 하기, 자기 개방하기, 은유적 표현에 귀 기울이기, 주제에 귀 기울이기, 요약하고 초점 맞추기, 결과 허용하기, 책임 지우기, 침묵 허용하기, 윤리적이기 등을 들고 있다.

상담환경 가꾸기는 일회성으로 끝나는 것이 아니라 상담의 전체 과정에서 지속적으로 이루어져야 한다. 상담환경 가꾸기가 잘 이루어지면, 내담자의 좋은 세계(quality world) 속에 상담자의 사진이 자리 잡게 되어 상호 간에 좋은 관계를 형성하게 된다. 위에서 언급한 권장사항은 좋은 관계형성에 도움이 되는 기법들이며, 금지사항은 관계형성을 해치는 원인이 된다. 상담자와 내담자의 좋은 관계형성 없이는 상담에 성공하기 힘들기 때문에 상담환경 가꾸기는 매우 중요하다.

(2) 행동변화를 위한 과정

① 바람(Want) 탐색하기

현실요법에서 행동변화를 위한 과정은 바람(Want) 탐색하기, 행동(Doing) 탐색하기, 평가(Evaluation)하기, 계획(Plan)하기의 4단계로 구성되어 있다. 내담자는 바람(Want) 탐색하기를 통해서 어떻게 자신의 욕구를 충족시키려 하는지를 발견하게 된다. 그리고 좋은 세계(quality world)를 탐색하고 숙련된 질문에 응답하면서, 이제까지 희미하게 알았던 자신의 내적인 바람에 대한 여러 면을 직관적으로 보는 것을 배우게 된다. 또한 어느 누구와도 나눈 적이 없는 바람들을 분명하게 표현할 수 있는 기회도 가지게 된다. 만약 상담자가 신뢰를 준다면 내담자들이 망설이거나 주저하면서도 자기 자신을 개방하게 될 것이다(Wubbolding, 1988).

상담자는 질문을 통해서 가족, 친구, 직업, 부모로부터 내담자가 원하는 것을 알아낼 수 있는 기회를 주어야 한다. 또한 내담자의 바람을 논하는 일과 더불어 가족이나 친구 그 밖에 내담자와 밀접한 관계를 갖고 있는 사람들이 내담자에게서 원하는 것이 무엇인지도 알아볼 수 있다. 이 탐색작업의 또 다른 면은 내담자들이 자신이 원하는 것을 어떻게 얻고 있는지 혹은 얻지 못하고 있는지를 상세하게 말하도록 돕는 것이다(Wubbolding, 1988). 이와 같은 바람(Want) 탐색하기의 방법은 '무엇을 원하는가?'라고 묻기, '진정으로 원하는 것이 무엇인가?'라고 묻기, '사람들이 당신에게 원하는 것이 무엇이라고 생각하는가?'라고 묻기, '어떤 시각으로 바라보는가?'라고 묻기, '상담자가 무엇을 제공해야 하는지, 내담자에게 무엇을 원하는지 또한 상황을 어떻게 바라보는지에 대해 내담자에게 말하기', '상담에 대한 약속 받기' 등이다.

② 행동(Doing) 탐색하기

행동(Doing) 탐색하기는 전행동(total behavior)을 탐색하여 평가하는 단계이다. 전행동은 활동하기, 생각하기, 느끼기와 신체반응의 네 가지 요소로 구성되어 있으며, 인간의 행동이 이루어질 때 이 네 요소 중 어느 한 가지 요소도 배제되는 것이 없다는 것을 내담자에게 상기시킨다. 이는 전행동의 네 가지 요소가 언제나 인간의 행동에 함께 작용하기 때문이다.

전행동 탐색하기는 상담자가 내담자에게 상담의 전반적인 방향, 즉 내담자가 어디로 가고 있는가를 탐색하도록 도와주는 절차이다. 현실요법 상담자들은 내담자가 통제할 수 있는 활동을 스스로 탐색할 것을 강조하고 있는데, 내담자의 활동 요소를 바꿈으로써 그가 지녔던 우울, 격분, 외로움 등의 느끼기 요소와 신체반응까지 변화시킬 수 있기 때문이다.

현실요법 상담자들이 사용하는 행동탐색 질문은 '당신은 무엇을 하고 있습니까?'라고 묻는 것이다. 이 질문은 네 개의 부분으로 나뉜다. '당신은'이라는 부분은 내담자가 현재 하고 있는 일에 초점을 맞추는 것이며, '무엇을'이란 내담자가 자기 시간을 어떻게 보내는지에 대해 정확하게 대답하도록 요구하는 부분이며, '하고'는 행위 요소를 탐색하는 것이고, '있습니까?'는 현재의 행동들에 초점을 맞추는 부분이다(Wubbolding, 1988). 내담자의 삶의 방향을 알 수 있는 전반적인 질문은 내담자와 상담자의 만남이 진전됨에 따라 보다 구체적으로 상담 장면에서 이루어져야 한다.

③ 평가(Evaluation)하기

평가(Evaluation)하기 단계는 개인의 바람과 행동, 계획을 점검해 보는 것이다. 현실요법에서 가장 핵심이 되는 부분은 내담자의 행동 변화를 위해 그들 스스로 자기평가를 하게 하는 단계이다. 상담자의 능숙한 질문을 통해 내담자가 자신의 행동과 수행능력을 평가한다(김인자, 2005). 내담자에게 평가를 요청할 때 상담자에 의한 판단보다는 내담자에 의한 가치 판단이 이루어지는 것이 결정적으로 중요하다(Wubbolding, 1988). 내담자가 자신의 행동을 평가할 수 있도록 상담자가 사용할 수 있는 질문은 '당신의 행동은 당신에게 도움이 됩니까, 해가 됩니까?', '당신이 지금 하고 있는 것은 원하는 것을 얻는 데 도움이 됩니까?', '당신이 행동하고 있는 것이 규칙에 어긋납니까?' 등이다.

평가(Evaluation)하기는 행동에 대해서만 시행되는 것이 아니라 바람(Want)과 계획(Plan)에 대해서도 행해진다. 내담자가 자신의 바람을 평가할 수 있도록 상담자가 사용할 수 있는 질문은 '당신이 원하는 것은 현실적이거나 실현 가능한 것입니까?', '당신이 바라는 것이 당신 힘으로 성취할 수 있는 것입니까?', '당신의 바

람이 규범에 어긋나지는 않습니까?' 등이다. 그리고 계획을 평가할 수 있도록 상
담자가 사용할 수 있는 질문은 '도움이 되는 계획입니까?', '즉시 시행할 수 있는
계획입니까?', '당신 스스로 실천할 수 있는 계획입니까?', '당신을 변화시키는 데
얼마나 노력하시겠습니까?' 등이다.

④ 계획(Plan)하기

계획(Plan)하기 단계는 실행과정으로서 긍정적인 행동 계획과 그 계획에 대한
약속하기로 이루어진다. 평가가 상담의 구조를 이루는 근본 원리라고 한다면, 계
획을 수립하는 작업은 구조가 기능적이 되도록 만드는 것이다. 그리고 계획하기
는 상담의 마무리 단계에 속한다. 상담의 목표는 내담자의 바람과 욕구를 충족시
킬 수 있는 계획을 수립하는 것이다(Wubbolding, 1988). 대부분의 내담자들은 예전
에 계획하기에서 실패한 경험이 있기 때문에 새로운 계획을 세우고 실행하는 데
커다란 두려움을 느끼고 있을 수도 있다. 따라서 현실요법 상담자는 내담자의 가
능성을 신뢰하며 용기를 북돋아 주고 간접적으로 희망을 불어넣을 수 있어야 한
다(김인자, 2005). 내담자들은 단순한(Simple) 계획, 실현 가능한(Attainable) 계획, 측
정 가능한(Measurable) 계획, 즉시 시행할 수 있는(Immediate) 계획, 행위자가 통제
할 수 있는(Controlled by the planner) 계획 등을 수립함으로써 자기 삶을 보다 효율
적으로 통제할 수 있다.

계획에 대한 약속하기는 계획하기 단계의 연장이다. 약속을 받아 내는 과정에
서 내담자는 계획한 것을 적고, 계획에 대해서 말하거나 악수할 것을 요구받는다
(Wubbolding, 1988). 약속하기 과정에서는 '당신은 정말 이 계획을 실천하시겠습니
까?', '지금 당신이 하려는 일을 다시 한 번 말씀해 주시겠습니까?', '여기에 적힌
대로 하겠다고 서명해 주시겠습니까?', '당신의 마음이 변하거나 계획대로 하지
않게 되면 어떤 결과가 나타날 것 같습니까?'와 같은 질문들을 사용할 수 있다.

3) 현실요법과 성취동기, 학습습관, 학업성취와의 관계

(1) 현실요법과 성취동기

현실요법적 측면에서의 성취동기가 무엇인가를 이해하기 위해서는, 우선 모든 인간들은 생존, 사랑, 힘, 즐거움, 자유의 다섯 가지 기본욕구들을 가지고 태어난다는 선택이론의 주장을 이해하여야 한다. Glasser(1998b)의 주장에 따르면, 인간은 평생 동안 이들 욕구들 중 하나 이상을 가장 잘 만족시킬 수 있는 방식으로 살아가려고 노력한다는 것이다.

학교 교육에서도 학생들의 기본욕구를 무시한다면, 교육의 효과를 극대화하기는 어렵다. 즉 학교에서 하라고 요구받은 일이 학생의 기본욕구 중 어느 하나도 충족시키지 못한다면, 학생은 그 일을 형편없이 하거나 전혀 시도조차 하지 않는다. 이러한 현상은 학생들의 동기가 외부로부터 부여받는 것이 아니라 내부로부터 발생한다는 것을 설명해 주고 있다. 그러므로 학교에서 우수한 학업성취를 이루는 학생의 수가 극히 적은 주된 이유 중의 하나를 학생들의 기본욕구를 무시한 외부통제적인 방법으로 학생들을 관리하기 때문이라고 보는 것이 현실요법의 입장이다.

그렇다고 외부에서 일어나는 일이 학습자의 선택과 전혀 무관하다는 것은 아니다. 외부에서 발생하는 일들이 학습자가 하고자 선택하는 일과 많은 연관을 가지고 있지만, 외부의 사건이 행동을 유발하는 것은 아니라는 것이다. 외부로부터 얻은 것은 정보일 뿐이며, 이 정보를 가지고 어떻게 행동할 것인가를 선택하는 것은 자기 자신에게 달려 있다. 따라서 학생들이 교사로부터 얻은 정보는 그 정보가 어떤 방식으로 주어졌는가를 포함하여 매우 중요하다. 그러나 그 정보가 그들에게 얼마나 중요한지를 궁극적으로 결정하는 사람은 바로 학생 자신인 것이다(Glasser, 1998b).

학생들의 성취동기는 선택이론의 좋은 세계(quality world)와 관련하여 설명이 가능하다. 대부분의 아이들은 학교에 대한 좋은 사진을 그들의 좋은 세계(quality world) 속에 간직한 채 학교에 들어온다. 그러나 교사들의 강압이 심해지면서 차츰 그들의 좋은 세계(quality world) 속에서 교사들, 학습 그리고 학교라는 사진까지 제거하기 시작한다. 그러므로 교사들은 학생들이 입학할 당시에 가지고 있던 학교에 대한 좋은 사진들을 계속 간직할 수 있도록 노력을 기울여야 한다(Glasser, 1998b). 현실요법에서는 학생들이 학교, 교사, 학습에 대한 사진을 그들의 좋은 세계(quality world) 속에 가지고 있으면, 언젠가는 그들 스스로 성취하고자 하는 욕구가 발생한다고 본다.

현실요법을 적용하여 학생들의 성취동기를 향상시키려는 연구는 주로 중·고등학생을 중심으로 이루어져 왔으나, 최근에는 초등학생을 대상으로 한 연구들도 선을 보이고 있다. 먼저 중·고등학생들을 대상으로 한 연구를 살펴보면, 김인자와 황미구(1997)는 중학교 2학년 여학생들(실험집단 11명, 통제집단 12명)을 대상으로 현실요법 집단프로그램을 주 1회 2시간씩 8주간 적용하였는데, 실험집단의 내적 통제성과 성취동기가 유의미하게 높아졌다고 하였으며, 이 효과는 1년 뒤에도 지속되는 것으로 보고하였다. 여기에서 적용한 프로그램은 Floyd(1990)가 제작한 'The Quality World Activity Kit'를 한국 청소년에 맞게 김인자(1995)가 편역한 '내가 좋아하는 세상 만들기'이다. 이재모(2006)는 학교생활 부적응 중학생 11명을 대상으로 현실요법적 집단상담 프로그램인 Y.Q.M.T(Youth Quality Management Training, 김인자, 1996)를 주 1회 90분씩 총 8회 적용하였는데, 내외통제성, 자아존중감, 성취동기에 유의미한 효과가 있었다고 보고하였다. 또한 김남희와 김아영(2002)도 중학교 2학년 여학생 15명에게 현실요법적 집단상담 프로그램인 Y.Q.M.T(우리가 좋아하는 세상 만들기)를 적용하였더니, 학습된 무기력 감소와 학업적 자기효능감 증진에 효과가 있었다고 보고하였다. 최근에는 현실요법의 적용이 예술치료 분야까지 확대되고 있다. 김순자와 김갑숙(2006)은 학습 부진을 보이는 고등학교 1학년 10명을 대상으로 현실요법적 집단 미술치료를 적용하였는데, 성취동기 및 자아개념 향상에 긍정적인 효과가 있었다고 보고하였다. 이 연구에서는 각 회기당 60분씩 주 1~2회, 총 15회기를 특별활동 시간에 적용하였다고 하였다.

최근에는 현실요법을 적용하여 초등학생들의 성취동기를 향상시키려는 연구가 많이 이루어지고 있다. 김은미(2003)는 초등학교 4학년 학습부진아 12명을 대상으로 Y.Q.M.T(우리가 좋아하는 세상 만들기) 프로그램을 주 2회, 회기당 40분씩 총 15회기를 적용하였더니 성취동기와 자아개념이 유의미하게 향상되었으며, 8주 후에 실시한 추후검사에서도 그 효과가 유지되고 있다고 보고하였다. 정영옥 (2004)도 초등학교 4학년 학생 15명을 대상으로 6주간 10회기의 현실요법 집단상담을 적용하여 내적 통제성 및 성취동기가 유의미하게 향상되었다고 보고하였다. 심윤영(2006)은 초등학교 6학년 34명에게 현실요법 집단상담을 적용하여 내적 통제성이 유의미하게 향상되었고, 학습동기 중에서 비본질동기는 향상되지 않았으나 수업동기, 계속동기, 본질동기는 유의미하게 향상되었다고 하였다. 라주섭 (2007)은 초등학교 6학년 학습부진아 12명에게 현실요법 집단상담을 10회기 적용하여 성취동기와 자아존중감이 유의미하게 향상되었다고 보고하였다.

이상의 연구에서 알 수 있는 바와 같이 현실요법이 학생들의 성취동기 향상에 미치는 효과에 관한 연구가 활발히 진행되었으며, 그 결과도 긍정적이다. 따라서 현실요법은 성취동기 향상에 강점을 가지고 있다고 할 수 있다.

(2) 현실요법과 학습습관

강태용(2002)은 학습습관을 '오랫동안 반복되는 수행으로 인하여 내면화되고 습관화된 학습행동'이라고 정의하여 행동적 요소를 강조하였다. 박경숙과 이혜선 (1976)도 학습습관을 '학습할 때 취하는 일관된 학습 양식(mode of behavior)'이라고 정의하면서, 그 하위영역은 주의집중 행동, 학습기술 적용 행동, 자율학습 행동으로 구성된다고 하여 행동적인 면을 강조하였다.

현실요법과 학습습관의 관계는 상담의 과정적인 측면과 통제 가능한 전행동 (total behavior)의 구성요소에서 찾아볼 수 있다. 우선 현실요법의 과정적인 측면에서 살펴보면, 바람(Want) 탐색하기, 행동(Doing) 탐색하기, 평가(Evaluation)하기, 계획(Plan)하기라는 일련의 과정을 통해서 내적 통제력을 길러 올바른 행동을 선택하도록 함으로써 학습습관을 개선할 수 있다. 다음으로 전행동(total behavior)은 활동하기, 생각하기, 느끼기, 신체반응으로 구성되어 있고, 이 중에서 전적으로 통제가 가능한 것은 활동하기(Glasser, 1998a; 김인자, 2005)이므로 이 요소에 초점을 두고 지도하면, 학습습관을 개선할 수 있다.

현실요법과 학습습관의 관계에 대하여 직접적으로 연구한 논문은 없지만, 현실요법의 목적이 내담자의 내적 통제력을 키워 주는 것(김인자, 2005)이고, 이러한 내적 통제력이 행동으로 발현된다는 점을 감안하면, 현실요법과 내적 통제성 관련 연구를 통해서 학생들의 학습습관을 개선하고자 하는 본 연구에 시사받을 수 있다. Thatcher(1983)는 시설에 수용되어 있는 비행청소년들에게 현실요법 훈련을 8주 동안 실시한 후에 내적 통제성과 자아개념이 어떻게 변화하였는지를 연구하였다. 현실요법 훈련을 직원과 원생 양쪽에 실시한 집단과 직원에게만 실시한 집단 그리고 아무런 처치도 하지 않은 집단 등 세 집단을 연구대상으로 하였다. 이 연구 결과 직원과 원생 양쪽에 현실요법 훈련을 실시한 경우에만 내적 통제성과 자아개념이 유의미하게 변화했다고 보고하였다. 이는 교사와 학생 모두 선택이론과 현실요법을 알고 실천할 때 내적 통제성 함양에 더 효과적임을 암시한다.

Yarish(1986)는 감옥의 청소년 범죄자들을 네 집단으로 구분하고, 현실요법 지도자 평정 척도에서 80점 이상의 점수를 받은 사람만 현실요법의 지도자로 인정하여 각 집단에 배치하였다. 네 집단에 매일 현실요법 훈련을 실시한 결과, 네 집단 모두에서 내적 통제성이 유의미하게 상승하였으며 집단 간에는 유의미한 차이가 나타나지 않았다고 보고하였다. Peterson과 Woodward(1994)는 일반 아동을 대상으로 현실요법을 적용한 결과, 내적 통제력이 증가하고 자아개념이 긍정적으로 변화하였다고 보고하였다.

국내에서는 부모, 대학생, 군인, 교사, 청소년을 대상으로 연구가 이루어졌다. 우애령(1994)은 현실요법을 적용한 사회사업 프로그램을 개발하여 일반 아동 어머니 집단과 장애아동 어머니 집단에 8주 동안 적용하였다. 이 연구 결과, 내적 통제성은 일반 아동 어머니 집단에서는 유의미하게 상승하였으나 장애 아동 어머니 집단에서는 통계적으로 유의미한 변화를 보이지 않았다고 보고하였다. 김영순(2000)도 현실요법 부모 집단상담 프로그램을 개발하여 한 집단에는 집중식으로 진행하고 다른 집단에는 분산식으로 진행하여 통제집단과 비교하였는데, 내적 통제성은 집단 간에 유의미한 차이가 없었다고 보고하였다. 이러한 연구들을 고려해 볼 때, 부모 교육에서는 각자가 처한 환경이나 프로그램에 따라 효과 유무가 결정되는 것으로 판단된다.

송기학(2001)은 현실요법 군(軍) 집단상담 프로그램을 해군 교육기관에 근무하는 수병들에게 8주 동안 적용하였더니, 내적 통제성과 성취동기가 유의미한 수준으로 상승하였다고 보고하였다. 오귀남(2000)은 현실요법을 적용한 예비교사 집단상담 프로그램을 교육대학교 4학년 학생 25명에게 1회기에 150분씩 8주 동안 적용한 결과, 내적 통제성, 자아존중감, 교사 효능지각 및 인간관계 기술이 모두 통계적으로 의미 있게 향상되었다고 보고하였다. 김순업(2005)도 현실요법을 적용한 교사 정신건강 증진 프로그램을 개발하여 현직교사 15명에게 매 회기 3시간씩 10회기 동안 적용한 결과, 실험집단은 외부 통제적 관점이나 행동이 유의미하게 줄어들었고, 내부 통제적 관점이나 행동은 유의미하게 증가하였다고 보고하였다. 이상과 같이 군인, 예비교사나 현직 교사를 대상으로 한 연구에서는 모두 내적 통제성이 유의미하게 증가하였다고 밝히고 있다.

학생들을 대상으로 현실요법을 적용한 연구들을 살펴보면, 김인자와 황미구(1997)는 여자 중학생을 대상으로 한 연구에서 내적 통제성과 성취동기가 통제집단에 비하여 실험집단이 유의미하게 증가하였다고 보고하였으며, 정영옥(2004)은 초등학교 4학년 아동을 대상으로 현실요법을 적용하여 내적 통제성과 성취동기가 유의미하게 향상되었다고 하였다. 심윤영(2006)도 초등학교 6학년 아동을 대상으로 한 연구에서 내적 통제성과 학습동기가 의미 있게 향상되었다고 보고하였다. 이와 같이 학생들을 대상으로 한 연구에서는 내적 통제성이 전반적으로 향상된 것으로 밝혀졌다.

이상과 같이 현실요법이 내적 통제성에 미치는 영향에 대한 연구는 활발히 진행되었을 뿐만 아니라 교사, 학생, 비행청소년, 부모, 군인 등의 내적 통제성 함양에 기여한 바가 크다. 현실요법에서는 내적 통제성을 바탕으로 '활동하기' 계획을 세워 행동으로 실천하기를 강조하고 있다. 이러한 관점에서 내적 통제성과 학습습관은 밀접한 관련이 있고, 현실요법이 학습습관 형성에 강점이 있다고 보는 것이다.

(3) 현실요법과 학업성취

현실요법에서는 성적을 매기는 유일한 목적은 학생들이 무엇을 알고 있는지 보여 주는 것이라고 설명하고 있다. 즉 낮은 성적은 학생이 아직 충분히 배우지 못했다는 것을 의미할 뿐이고, 최고 성적을 얻기까지의 모든 성적은 잠정적인 것이라고 보는 것이다. 따라서 그 전까지의 모든 성적은 향상될 수 있고 또 향상되어야만 한다고 주장한다. 이런 관점에서 성적은 능력을 갖추도록 하기 위한 것이지, 처벌의 수단으로 사용하기 위한 것이 아니다(Glasser, 1998b). 이것이 외부 통제적 교육과 현실요법이 대조를 이루는 부분이다. 낮은 성적으로 처벌받고 성적도 향상되지 않을 때, 학생들은 종종 무력감과 좌절감을 느끼게 되는 것이다.

많은 교사, 학부모, 학교운영위원, 정치가들은 학교에서 가르치는 것은 다 옳고 공부하지 않는 학생들은 처벌해야 한다는 경직된 아이디어를 신봉하고 있다. 이러한 잘못된 믿음은 두 가지 관습으로 정리되는데, 이 두 가지 다 낮은 성적으로 강화된다. 첫째 관습은 학생들에게 현실생활에서 가치 없는 일을 지식으로 받아들이도록 강요하는 것이다. 둘째 관습은 현실 세계에서는 가치가 있을지 모르지만 학생들에게는 충분한 가치가 없는 지식을 습득하도록 강요하는 일이다. 배우도록 강요하는 것은 결코 성공하는 경우가 없다는 것이 현실요법적 입장이다. 진정한 학업성취 향상을 위해서 학교에서 할 일은 문제가 많은 강요하는 교육에서 탈피하여 현실요법에 입각한 좋은 학교(quality school) 교육으로 변화하는 것이다.

좋은 학교(quality school)에서는 영원히 좋지 않은 점수는 없다. 좋지 않은 점수는 좋은 결과를 얻을 것이라는 희망을 갖고 학생과 교사가 함께 해결해야 할 일시적인 난제(難題)로 간주된다. 누구든지 자신이 할 수 있다고 믿고 열심히 공부하는 사람은 시간이 충분히 주어진다면 좋은 결과를 얻을 수 있다고 보는 것이다. 또한 학생의 어떤 성적도 다른 학생의 성적에 의거해서 주어지지 않는다. 학교의 목적은 질적 학업인 만큼 많은 학생들이 좋은 성적을 받는 질 높은 학업을 창출하는 데 있다. 그러므로 좋은 학교(quality school)에서의 성적은 학생이 무엇을 알지 못하는지에 대한 것이 아니라, 무엇을 알고 있는지를 기록한다. 실패가 없는 좋은 학교(quality school)의 따뜻하고 지지적인 분위기와 개인지도가 가능한 상황

하에서의 학생들은, 교과과정을 포기하기보다는 자신의 성적을 올리기 위해 공부함으로써 욕구충족이 더 잘 된다는 것이다(Glasser, 1998a).

많은 학생들은 유치원과 1학년 때 열심히 공부한다. 일반적으로 2학년이 되면서 조금씩 교사의 강요가 시작되는데, 이 변화는 미세하지만 일부 아이들은 이것을 간파하고 저항하기 시작한다. 초등학교 고학년이 중요한 시기이다. 이 시기에 학생들이 공부와 교사 그리고 학교를 좋은 세계(quality world)로부터 빼내기 시작하면 본격적으로 학업과 멀어지게 되는 것이다. 그러나 교사들이 처벌하는 것을 중지하고 그들에게 좀 더 많은 주의를 기울인다면, 이러한 현상은 초기 단계에 비교적 쉽게 뒤집힐 수 있다. 예를 들면 아침에 다정하게 맞아 주고, 머리를 쓰다듬어 주고, 할 수 있는 과제를 내어 주고, 잘할 수 있도록 도와주고 그리고 잘했다고 칭찬해 주는 것이다(Glasser, 1998a).

현실요법이 학업성취에 미치는 영향을 알아보는 연구는 미미하게 진행되고 있다. Slowic, Omizo와 Hammet(1984)는 13~15세의 멕시칸계 미국 청소년을 대상으로 실험집단 26명, 통제집단 30명을 구성하여 현실요법 과정의 효율성을 검증하였다. 이 연구 결과, 실험집단이 학업성적과 지도자 자격에서 유의미하게 향상되었다고 보고하였다. 반면에 Chambers와 McLaughlin(1994)은 일반 청소년을 대상으로 현실요법이 수학 성취능력과 학교에 대한 태도 변화에 미치는 효과를 확인한 결과, 학교에 대한 태도 변화에서만 유의미한 효과가 있었다고 보고하였다.

현실요법과 학업성취의 관계를 밝힌 국내 연구를 살펴보면, 정순례(1992)는 중학교 1학년 여학생 147명을 대상으로 협동학습을 한 학기 동안 적용한 결과, 집단별 학습방법의 효과에서 현실요법에 근거한 협동학습 집단이 학교에 대한 태도와 영어교과의 학업성취에서 유의미한 향상을 가져왔다고 밝혔다. 이 연구는 협동학습에 현실요법을 부분적으로 적용했다는 점에서 현실요법만 적용한 연구와는 차이가 있다.

이와 같이 선행연구들에서 현실요법이 학업성취에 효과가 있었다는 보고(Slowic, Omizo & Hammet, 1984; 정순례, 1992)가 있는가 하면, 학업성취에 효과가 없었다는 보고(Chambers & McLaughlin, 1994)도 있었다. 따라서 현실요법이 학업성취에 미치는 영향에 대해서는 추가적인 연구가 더 필요하다.

3. 자기조절학습과 현실요법의 관계

1) 성취동기적 측면에서의 자기조절학습과 현실요법

자기조절학습에서의 동기관련 연구를 살펴보면, 내재적 동기조절 전략을 많이 사용하는 학생들이 시연, 조직화, 정교화, 비판적 사고 같은 인지적 전략과 노력조절, 초인지조절을 많이 사용하고(Wolters, 1996), 학생들은 자신의 과제를 완성하기 위하여 동기조절전략을 사용한다(Wolters, 1998)고 하였다. 또한 동기요인은 학업성취도를 예언하는 중요한 요인이며(Pintrich & DeDroot, 1990), 자기조절학습에 있어서 동기는 기본적이라고(McComb & Marzano, 1990) 하였다. 그러나 동기적 측면을 고려한 자기조절학습 연구들의 대부분이 상관관계를 밝히는 연구들이고, 소수의 실험연구들도 이미 개발된 특정 모형(Zimmerman과 Martinez-Pons의 자기조절학습 모형, ARCS 모델)을 적용한 후 동기 요인들 중 하나의 변화를 측정한 연구들이 대부분이다.

반면에 현실요법과 성취동기를 연구한 대부분의 연구들은 현실요법을 적용하여 성취동기를 향상시켰다는 내용들이다(김인자 · 황미구, 1997; 김남희 · 김아영, 2002; 김은미, 2003; 정영옥, 2004; 라주섭, 2007). 최근에는 현실요법 자체에 그치지 않고 현실요법과 다른 치료기법을 적용하려는 시도들이 있는데, 그중에서 현실요법을 적용한 미술치료가 성취동기를 향상시켰다(김순자 · 김갑숙, 2006)는 보고가 있었다. 이처럼 현실요법 관련 연구들이 성취동기 향상에 효과적인 것은 내담자의 기본욕구와 바람(Want), 좋은 세계(quality world) 탐색을 통하여 자신이 원하는 것을 올바르게 인식하고, 이러한 인식이 성취동기를 유발하였기 때문이라고 해석된다.

이와 같이 현실요법은 성취동기 향상에 강점이 있다. 반면에 자기조절학습 관련 연구들에서는 조사를 통한 관계 연구에서 동기의 중요성은 시사받을 수 있지만, 성취동기의 향상을 꾀하려는 직접적인 연구는 찾아보기 힘들다. 그러므로 자기조절학습과 현실요법을 통합한다면 성취동기 향상에 효과가 있을 것이다.

2) 학습습관 형성 측면에서의 자기조절학습과 현실요법

자기조절학습 관련 연구에서는 행동통제성이 자기조절 학습능력에 유의미한 영향을 미치고(Kuhl, 1985; Brunstein & Olbrich, 1985; 김정환·정미수, 2005), 학습습관과 학업성취는 밀접한 관련이 있으며(Prather, 1983), 학습습관 중 가장 큰 비중을 차지하는 것은 시간관리(Bawman, 1981)라고 밝히고 있다. 그러나 자기조절학습과 학습습관 간의 상관 연구는 많지만 학생들의 학습습관을 개선하려고 시도한 직접적인 연구는 찾아보기 힘들다.

현실요법은 내담자들의 삶을 좀 더 효과적으로 통제하도록 도와주는 것을 목적으로 하고, 전행동(total behavior) 요소 중 활동하기를 강조하기 때문에 학습습관이라는 행위요소에 중점을 두어 지도하면 학습습관을 개선할 수 있다. 이뿐만 아니라 바람(Want) 탐색하기, 행동(Doing) 탐색하기, 평가(Evaluation)하기, 계획(Plan)하기의 현실요법의 과정을 적용하여 내적 통제력을 향상시킬 수 있고, 이러한 내적 통제력이 바람직한 학습행동을 일관되게 선택하도록 하면 학습습관을 개선할 수 있다. 그러므로 현실요법을 적용한 연구에서는 내적 통제성 관련 연구가 아주 많이 이루어졌는데, 대부분의 연구들이 내적 통제성 향상에 현실요법이 유의미한 영향을 끼쳤다고 보고하였다(Thatcher, 1983; Yarish, 1986; Peterson & Woodward, 1994; 오귀남, 2000; 송기학, 2001; 김현자, 2006; 김인자·황미구, 1997).

현실요법에서는 활동하기를 바꾸면 생각하기, 느끼기, 신체반응 등의 전행동(Total behavior) 요소가 덩달아 변화한다(Glasser, 1998; 김인자, 2005)고 보는 반면, 자기조절학습에서는 학습습관이 학업성취와 깊은 관련이 있음을 시사 받을 수 있다. 따라서 학습습관 개선을 위해서 자기조절학습의 동기요인들을 중심으로 활동 중심의 프로그램을 개발하면 효과적일 것이다.

3) 학업성취 측면에서의 자기조절학습과 현실요법

자기조절학습을 적용한 연구들은 대부분 학업성취에 유의미한 영향을 미쳤다고 보고하고 있다. 인지전략을 사용하는 학습자는 유의미하게 높은 수준의 학업 성취를 나타냈으며(Corno & Mandinach, 1983; Weinstein, Mayer, 1986), 자기조절학습이 쓰기 수행능력을 향상시켰고(Graham & Harris, 1989a · b), 독해력(Collins, 1991; 봉갑요, 2004)과 수학 학업성취(Schunk & Cox, 1986; 김용수, 1998)에 유의미한 효과가 있다고 밝히고 있다. 이와 같이 자기조절학습은 학업성취 향상에 강점을 가지고 있다.

반면에 현실요법에서는 학업성취와 관련된 연구가 적은 편이고, 보고된 연구들도 학업성취 향상 효과 측면에서 서로 상반된 결과를 나타내고 있다. 이렇게 상반된 결과가 나오게 된 것은 학업성취 향상에 효과가 있었다는 연구들(Slowic, Omizo & Hammet, 1984; 정순례, 1992)이 학습전략적인 면을 더 강조하여 지도한 반면, 효과가 없었다는 연구들(Chambers & McLaughlin, 1994)은 참여자의 학습보다는 정서에 중점을 두어 지도했기 때문이라고 판단된다.

이상에서 살펴본 바와 같이, 자기조절학습은 학업성취에 강점을 가지고 있으므로, 이 입장에서 학습전략을 개발하여야 할 것이다. 또한 학생들은 학업성취에 대한 자신의 욕구나 바람 등을 가지고 있으므로 현실요법적 기법들을 활용하여 이를 탐색하면 더 효과를 거둘 수 있을 것이다.

Chapter 03

RSCP 개발

1. 자기조절학습과 현실요법의 통합 내용 선정[1]

1) 통합의 기본 방향 설정

본 연구의 이론적 배경에서 살펴본 내용들을 토대로 현실요법과 자기조절학습을 통합하기 위한 기본 방향을 다음과 같이 설정하였다.

첫째, 통합 프로그램의 영역은 자기조절학습의 입장을 반영하여 동기조절, 행동조절, 인지 및 초인지조절로 하고 자기조절학습의 구성요소들을 그 하위영역으로 하되, 동기조절 영역에 현실요법의 기본욕구 이해하기를 추가한다. 즉 동기조절 영역에는 기본욕구 이해, 자기효능감, 목표설정, 성취가치를 하위영역으로 하고, 행동조절 영역에는 시간관리, 도움 구하기, 행동통제를 그 하위영역으로 하며, 인지 및 초인지 영역에는 읽기 학습 전략과 수학 문장제 해결 학습전략을 하위영역으로 편성한다.

둘째, 프로그램의 내용 편성은 각 영역과 그 하위영역에 적합한 자기조절학습적인 내용과 현실요법적인 내용으로 한다. 이론적 배경에서 살펴본 바와 같이 자기조절학습과 현실요법은 각각의 강점이 있는 반면에 약점도 가지고 있으므로 두 기법의 내용을 선별하여 통합한다. 이러한 통합은 매 회기마다 이루어지도록 한다.

셋째, 프로그램의 과정에 현실요법의 절차적 요소를 고려한다. 현실요법은 바

---

1) 현실요법적 자기조절학습 상담 프로그램(Reality therapeutic Self-regulated learning Counseling Program: RSCP)

람(Want) 탐색하기, 행동(Doing) 탐색하기, 평가(Evaluation)하기, 계획(Plan)하기의 절차를 밟아 진행된다. 이러한 과정을 이행하면 내담자가 자신이 바라는 것을 이해하고, 그 바람을 성취하기 위해 하고 있는 일들을 평가하여 더 효과적인 행동을 시도해 보게 할 수 있기 때문이다.

2) 예비 프로그램 운영

통합의 기본 방향에 적합한 예비 프로그램을 개발하여 2008년 9월 1일부터 2008년 11월 30일까지 운영하였다. 예비실험에 적용된 프로그램은 동기조절 5회기(시작과 정리 회기 포함), 행동조절 4회기, 읽기 학습 전략 5회기, 수학 문장제 해결 전략 4회기 등 총 18회기로 구성되어 있다. 예비실험에 참여한 대상은 초등학교 6학년 교과학습 부진아들이다. 이들은 2008년 3월 '국가수준 교과학습 진단평가'에서 획득한 국어와 수학 점수를 예언변인으로 하고 1학기 말 성적을 의존변인으로 한 회귀방정식에서 국어, 수학 교과의 학기 말 성적이 모두 1α예언의 표준오차) 이하로 낮은 점수를 받은 학생 16명(남 8명, 여 8명)을 대상으로 하였다. 이들을 각각 실험집단에 8명(남 4명, 여 4명), 통제집단에 8명(남 4명, 여 4명)씩 무선배치하였다. 프로그램은 매주 화요일과 금요일 아침에 실험집단을 대상으로 50분씩 연구자가 직접 운영하였다.

예비실험 전후검사 결과, 학습태도와 동기에서 실험집단은 변화가 없었으나 통제집단은 두 요인 모두 $p<.05$ 수준에서 유의미하게 낮아진 것으로 나타났다. 실험집단이 학습부진아인 점을 고려해 볼 때, 이러한 결과는 학년이 올라갈수록 학생들이 교사, 학습, 학교를 그들의 좋은 세계(quality world) 속에서 빼어 내기 시작한다는 현실요법의 견해(Glasser, 1998b)와 일치한다. 교과 성적의 전후검사 비교에서 수학과는 실험집단과 통제집단 모두 유의한 변화가 없었으나, 국어과는 실험집단이 $p<.001$ 수준에서 유의미하게 향상된 반면에 통제집단은 유의미한 변화가 없었다. 국어과와 수학과의 평균 점수에서의 전후 변화는 실험집단이 $p<.05$ 수준에서 유의미한 향상이 있었고, 통제집단은 유의미한 변화가 없었다.

예비실험 사후검사의 집단 간 비교에서는 동기 요인 중 실험집단의 불안요인이 $p < .05$ 수준에서 유의미하게 감소하였고, 동기 전체에서는 p값이 .088로 유의미한 수준에 근접하게 나타났다. 반면에 국어과와 수학과의 교과 성적, 학습 태도 점수에서는 집단 간에 유의미한 변화가 없는 것으로 나타났다. 이러한 예비실험 결과를 토대로 본 연구에 다음과 같은 시사점을 얻어 프로그램을 수정·보완하였다.

첫째, 사후 집단 간 비교에서 동기 전체 점수와 학습태도 요인들에서 유의미한 차이가 나타나지 않음에 따라 동기조절 영역과 행동조절 영역을 수정, 보완하였다. 우선 동기조절 영역에서는 시작 프로그램과 정리 프로그램을 분리하였고, 한 회기를 증설하여 4회기로 편성하였다. 예비실험에서 적용한 학습태도 검사는 하위영역이 학업, 교우, 교사에 대한 태도로 구성되어 있는데, 연구대상들은 교우와 교사에 대한 태도에서 기본적으로 평균 이상의 점수를 가지고 있으므로 연구 결과에서 유의미한 차이를 나타내지 않은 것으로 해석되었다. 따라서 본 처치에서는 학습습관을 측정하기로 하고, 학습습관과 관련이 가장 깊은 행동조절 영역을 2회기 증설(시간관리 1회기, 행동통제 1회기)하여 6회기로 하였다.

둘째, 수학과는 전후비교나 사후 집단 간 비교에서 유의미한 차이가 나타나지 않았고, 국어과는 전후비교에서는 유의미한 향상이 있었으나 사후 집단 간 비교에서 유의미한 차이가 나타나지 않음에 따라 수학 문장제 해결 전략과 읽기 학습 전략을 수정, 보완하였다. 즉 수학 문장제 해결 전략을 1회기 증설하여 5회기로 하고, 참여자들이 자신의 수준에 맞게 학습을 할 수 있도록 수준별 문제를 보완하였다. 읽기 학습 전략에서는 회기는 그대로 5회기로 하되, 내용을 정선하고 여기에서도 자신의 능력에 맞게 문제를 해결할 수 있도록 수준별 문제를 보완하였다.

셋째, 초등학교 6학년이 현실요법의 내용을 자신의 학습에 도움이 될 정도로 이해하기 위해서는 더 많은 양이 할당되어야 한다고 인식되어 매 회기 10분씩 적용하던 현실요법적 내용을 $\frac{1}{3} \sim \frac{2}{3}$ 정도가 되도록 조정하였다.

3) RSCP의 영역별 통합 내용 선정

(1) 동기조절 영역의 통합 내용 선정

우선 동기조절 영역의 하위영역은 기본욕구 이해, 자기효능감, 목표설정, 성취 가치이다. 기본욕구 이해하기 영역에서는 인간이 행동하는 이유가 기본욕구를 충족하기 위한 것임을 알게 하고, 사람마다 욕구강도가 다름을 이해시킨다. 나아가 자신의 욕구강도에 따른 학습스타일을 알아보게 한다. 즉 비슷한 욕구 강도를 가진 사람들끼리 조를 편성하여 어떤 경우에 공부가 잘되는지 토론하여 공통점을 찾아보게 한 후, 자신에게 맞는 최적의 학습 행동을 찾아보게 한다. 기본욕구를 이해하는 것은 현실요법적인 내용이고, 자신의 욕구 강도에 맞는 학습 스타일을 찾는 것은 자기판단을 수반하기 때문에 사회인지적 관점의 자기조절학습으로 분류할 수 있다.

자기효능감 영역에서는 참여자가 좋아하는 것과 잘하는 것을 탐색하게 함으로써 성공적인 경험을 하도록 한다. 좋아하는 것을 탐색하는 것은 참여자의 바람을 탐색하는 것이고, 잘하는 것을 탐색하는 것은 참여자의 내적 자원을 탐색하는 것으로 현실요법적인 기법이다. 나아가 좋아하는 것과 잘하는 것의 탐색 결과를 바탕으로 자신에게 맞는 직업을 찾아보게 한다. 이러한 활동은 인지적 판단을 수반하기 때문에 자기조절학습으로 분류된다. 또한 상당한 사고 작용을 필요로 하는 읽기 학습 전략과 수학 문장제 해결 전략 학습 시에는 수준별 문제를 제시하여 스스로 선택하여 해결하게 함으로써 참여자들의 자기효능감을 높인다.

목표설정 영역에서는 각자의 좋은 세계(quality world)를 이해하고, 좋은 세계 (quality world) 속의 장래 희망을 찾아보게 한다. 다음으로 이러한 장래 희망을 달성하기 위하여 현재 하고 있는 공부가 충분한지 점검한 후에 1일 행동지침을 선정하고, 한 학기 목표를 설정하도록 한다. 여기에서 좋은 세계(quality world)를 탐색하는 것은 현실요법적인 내용이고, 현재의 공부 상태를 점검하는 것은 조작주의적 관점의 자기조절학습으로 분류할 수 있다. 이러한 점검 결과를 바탕으로 한 학기 목표를 설정하고 그에 맞는 1일 행동지침을 선정하는 것은 현실요법의 계획

(Plan)하기에 해당된다.

성취가치 영역은 학교학습의 가치를 인식시키는 회기로 현실요법의 좋은 세계(quality world) 탐색하기를 활용한다. 즉 좋은 세계(quality world) 속의 학교 학습의 모습을 탐색하게 한 후에, 학교 학습의 중요성과 그 가치를 인식하게 한다. 초등학교에서부터 학교학습을 소홀히 해서는 자신이 바라는 것을 대부분 이루기 힘들기 때문이다. 이처럼 좋은 세계(quality world)를 탐색하는 것은 현실요법적인 내용이고, 탐색한 내용을 바탕으로 학교학습의 가치를 인식하는 것은 가치판단이 작용하기 때문에 자기조절학습이다.

(2) 행동조절 영역의 통합 내용 선정

행동조절 영역의 하위영역은 시간관리, 도움 구하기, 행동통제이다. 시간관리 영역에서는 참여자들의 흥미를 유발하기 위해 자기 마음대로 할 수 있는 하루 시간표를 만들어 보게 한다. 이렇게 작성된 시간표는 참여자의 좋은 세계(quality world)가 반영된 것으로 현실에서도 적용할 수 있는지 탐색하게 한다. 다음으로 자신의 시간활용 실태를 점검하고 일상 생활계획표를 수립하게 한다. 추가적으로 이 일상 생활계획표를 1주일간 실천해 보고 부적절한 내용을 변경하게 한다. 여기에서 좋은 세계(quality world) 속의 시간활용과 현실에서의 시간활용을 탐색하게 하는 것은 현실요법적인 내용이고, 일상 생활계획표를 실천해 보고 변경하게 하는 것은 자기점검과 자기판단에 근거하여 이루어지기 때문에 자기조절학습이다. 자기점검은 조작주의적 관점의 자기조절학습이고, 자기판단은 사회인지적 관점의 자기조절학습이다.

도움 구하기 영역에서는 우선 사람 간의 관계가 멀어지는 이유를 탐색하게 한다. 이러한 시도는 현실요법의 상담환경 가꾸기를 수용한 것인데, 강요, 비난과 같은 외부통제가 사람 간의 관계를 멀어지게 한다는 것을 깨닫게 하려는 의도이다. 다음으로 자기의 학습에 도움을 줄 수 있는 사람, 학습 매체, 학습 환경을 점검하고 활용 방안을 검토하도록 한다. 이러한 점검과 방안 검토는 자기조절학습에 해당된다.

행동통제 영역은 전행동(total behavior)의 구성요소 중에서 활동하기가 가장 통제하기 쉽다는 것을 실습을 통해 깨닫게 한 후, 자신의 학습 행동이 자기의 바람을 충족시킬 수 있는 정도인지 탐색하게 한다. 나아가 자신의 의지로 제어 가능한 학습 방해 요소를 찾아보게 한다. 이처럼 전행동 구성요소를 이해하고 자신의 학습 행동이 적절한지 평가하는 것은 현실요법적인 내용이고, 자신의 의지로 제어 가능한 학습 방해 요소를 찾아보게 한 것은 의지적 관점의 자기조절학습이다.

(3) 인지 및 초인지조절 영역의 통합 내용 선정

① 읽기 학습 전략의 통합 내용 선정

김희수(2007, 2008)는 CSQ3Rs 독서전략이 학습태도, 자기효능감, 읽기 이해능력 향상 및 학업성취에 효과적이라고 밝혔다. CSQ3Rs는 시각 바꾸기(change perspective), 훑어보기(survey), 질문하기(question), 읽기(read), 암송하기(recite), 복습하기(review) 등 6단계를 말한다. 원동연(2005)은 단위 시간당 많은 양을 읽고 이해하기(속해 속독법), 정보의 질 높이기(글 분석법), 사실과 감정 구분하기(글 감상법), 전체를 본 후 부분 보기(고공학습법, 상관관계 학습법), 추상적 개념을 구체화하기(개념 심화 학습법), 내면화하기(질문학습법), 글로 표현하기(평면적, 입체적, 종합 응용 글쓰기 법), 그림으로 표현하기(도식화법), 함수로 표현하기(함수화법) 등 학문의 9단계를 제시하였다. 김남옥(1985, 1987, 1990)은 교과서 읽기 훈련을 개관하기, 요점 찾기, 심상화하기, 암기하기, 요점적기, 반복하기 등 6단계로 제시하였다. 이상과 같은 읽기 학습 전략의 선행연구들을 바탕으로 본 연구에서는 시각 바꾸기, 훑어보기, 질문하기, 답 찾으며 읽기, 통합하기, 글로 표현하기 등 6단계로 읽기 학습 전략을 구안하여 운영하고자 한다.

우선 참여자들의 읽기 학습 능력 정도를 알아보기 위하여 독서 속도를 측정한다. 측정된 결과를 토대로 독서습관을 평가하고, 음독습관을 묵독으로 교정하는 연습을 한다. 여기에서 독서 속도를 측정하는 것은 자기점검으로 자기조절학습에 해당되고, 이를 평가하는 것은 현실요법이며, 음독습관을 묵독으로 교정하는 것은 자기교정으로 조작주의적 관점에 근거한 자기조절학습이다.

다음으로 자신이 바라는 국어 성적을 탐색하고, 이 바람을 달성하기 위해서는 새로운 학습전략이 필요함을 깨닫게 한 후, 읽기 학습 전략을 단계별로 적용한다. 1단계는 '시각 바꾸기'로 책을 읽을 때 단순히 독자의 시각에서 읽는 것이 아니라 저자나 교사의 시각에서 읽는 것임을 알게 한다. 즉 '만약 내가 이 글의 저자라면 어떤 순서로 글을 쓸 것인가?', '만일 내가 선생님이라면 이 글에서 무엇을 가르쳐야 될까?'와 같은 질문을 자기 자신에게 하면서 시각을 바꾸게 한다. 2단계는 '훑어보기'로 제목, 소제목, 그림이나 도표 등을 읽고 글의 윤곽을 파악하는 것을 말한다. 3단계 '질문하기'에서는 문단의 수, 중심 내용, 주제, 제목에 대해 의문을 갖게 한다. 4단계 '답 찾으며 읽기'에서는 3단계에서 제시한 질문에 대한 답을 찾으면서 읽는 것이다. 이 단계에서는 질문에 답을 찾기 위해 중요한 내용에 밑줄 치기, 모르는 낱말에 네모 치기를 하며 읽는다. 5단계를 '통합하기'는 질문들에 대한 답을 중심으로 요점을 서로 관련짓고 분류하는 것을 말한다. 6단계인 '글로 표현하기'에서는 지금까지 알아낸 사실들을 바탕으로 글로 써서 나타내게 한다.

읽기 학습 전략은 인지 요인 또는 초인지 요인을 바탕으로 하는 자기조절학습이다. 총 6단계를 2단계씩 묶어서 회기를 구성하되, 각 회기마다 현실요법적인 내용을 함께 지도한다. 여기에서 활용할 수 있는 현실요법적인 내용으로는 국어학습 성공경험 발표하기, 자기의 성적이 누구의 탓인지 인식하기, 학습결과에 대한 현실요법적인 피드백 주고받기 등이 있다.

② 수학 문장제 해결 전략의 통합 내용 선정

Montague(1997)는 수학학습 전략 훈련으로 읽기, 바꾸어 말하기, 시각화하기, 가설설정, 예측하기, 계산하기, 점검하기의 인지전략 7단계를 제시하고, 각 단계별로 초인지 전략인 자기교수, 자기질문, 자기점검을 적용하여 인지전략의 조절과 점검을 담당하도록 하였다. 즉 인지전략과 초인지전략을 함께 사용하는 것이다. 심은영(2006)은 언어적 표상, 시각적 표상, 수학적 표상으로 나누어 '다면적 표상 기반 전략 훈련'을 제시하였다. 그 하위단계로 언어적 표상에는 읽기와 바꿔 말하기, 시각적 표상에는 시각화하기, 수학적 표상에는 계획하기, 예측하기, 계산하기, 점검하기를 제시하고 있다.

본 연구에서는 Montague(1997)와 심은영(2006)의 연구를 토대로 읽기, 바꾸어 말하기, 그림으로 나타내기, 계획하기, 계산하기, 검산하기의 인지전략 6단계를 구성하고, 이 인지전략을 점검하고 조절할 수 있는 자기말하기, 자기질문, 자기점검 등의 초인지 전략을 각 단계마다 적용하도록 구안한다. 또한 자신이 문제를 해결해 나가면서 그 과정을 소리 내어 말하도록 한다. 이러한 시도는 자기통제의 자원으로서 내적 언어가 중요하다는 비고츠키적 관점과 자기조절의 언어화가 가장 높은 자기효능감과 성취도를 초래했다는 Schunk와 Cox(1986)의 연구 결과를 받아들인 것이다.

본 연구의 수학 문장제 해결 전략 지도 시에는 우선 수학 학습상태를 스스로 평가하고 새로운 수학 학습전략의 필요성을 느끼게 한다. 다음으로 수학 문장제 해결 전략의 각 단계별 내용을 익힌 후 각 회기별로 난이도가 다른 문장제를 해결해 나가게 한다. 즉 자기평가 및 학습전략 익히기에 1회기를 배정하고, 계산과정이 1, 2, 3회인 문장제 해결에 각각 1회기씩 배정하며, 맨 나중 회기는 수학 문장제 해결 전략을 종합적으로 적용할 수 있게 구성한다.

수학 문장제 해결 전략은 인지 및 초인지 요인을 종합적으로 적용하는 자기조절학습인데, 이러한 학습전략과 함께 현실요법의 내용을 지도한다. 여기에서 적용할 수 있는 현실요법적 내용으로는 수학이 어렵다고 포기하는 경우와 어려워도 열심히 공부하기를 선택하는 경우의 차이점을 찾아보게 한다. 또한 수학 문장제 해결 결과에 대하여 현실요법적 자기평가를 하게 하고, 본 프로그램에 참여한 것은 좋은 선택(quality choice)이었는지 평가해 보게 한다.

4) RSCP 개발을 위한 설계

이상에서 살펴본 바와 같이, 자기조절학습의 구성요소들과 현실요법의 '기본욕구'를 중심으로 통합 프로그램의 영역을 설정하고, 프로그램의 내용은 자기조절학습의 내용과 현실요법적인 내용으로 구성한다. 본 연구에서는 자기조절학습의 성취동기 향상 측면과 학습습관 개선 측면을 보완하기 위하여 현실요법을 통합하였으므로 동기조절 영역과 행동조절 영역에는 현실요법적인 내용을 많이 편성하고, 인지 및 초인지조절 영역에는 자기조절학습 내용을 더 많이 편성한다. 아울러 현실요법은 바람(Want) 탐색하기, 행동(Doing) 탐색하기, 평가(Evaluation)하기, 계획(Plan)하기의 과정을 거쳐 진행된다는 강점을 가지고 있으므로 이러한 과정 요소들을 고려하여 내용을 선정한다. 즉 현실요법의 네 가지 과정요소 중 하나 이상을 포함하고 있는 자기조절학습 내용과 현실요법적인 내용을 선정한다. 본 연구에서 자기조절학습과 현실요법의 통합을 위해 설계한 기본 안(案)은 다음 <표 Ⅲ-1>과 같다.

〈표 Ⅲ-1〉 자기조절학습과 현실요법의 통합을 위한 설계안

통합 목적	영역		내용		현실요법의 과정요소
			자기조절학습	현실요법	
성취동기 향상	동기 조절	기본욕구 이해	③ 나에게 맞는 학습 스타일	① 사람이 행동하는 이유 ② 기본욕구 알아보기	바람탐색 행동탐색
		자기 효능감	③ 나에게 맞는 직업	① 좋은 세계 이해 ② 좋아하는 것과 잘하는 일 탐색	바람탐색 행동탐색
		목표 설정	② 공부습관 점검	① 좋은 세계와 장래 희망 ③ 한 학기 목표와 1일 행동지침 설정	바람탐색 행동탐색 평가하기 계획하기
		성취 가치	② 국가수준 진단평가 분석 결과 확인 ③ 학교 학습의 가치	① 좋은 세계 속의 학교 학습 탐색	바람탐색 평가하기
학습습관 개선	행동 조절	시간 관리	③ 시간활용 실태점검 ⑥ 생활계획표 점검 ⑦ 생활계획표 수정	① 내 맘대로 시간표 만들기 ② 좋은 세계와 현실세계에서의 시간활용 비교 ④ 현실요법적 계획 세우기 기준 알기 ⑤ 생활계획표 만들기	바람탐색 행동탐색 평가하기 계획하기

통합 목적	영역	내용		현실요법의 과정요소
		자기조절학습	현실요법	
학습습관 개선	행동 조절	도움 구하기	① 사람 간의 관계가 멀어지는 이유	행동탐색 계획하기
		② 학습자원 관리실태 점검		
			③ 도움 구하기 및 학습자원 관리 개선 계획 세우기	
		행동통제	① 전행동에 대한 이해	행동탐색 평가하기 계획하기
			② 자신의 학습행동 평가	
		③ 의지로 극복할 수 있는 학습 방해 요소		
학업성취 향상	인지 및 초인지 조절	읽기 학습전략	① 독서 속도 측정	바람탐색 행동탐색 평가하기 계획하기
			② 음독습관 자기평가	
		③ 음독을 묵독으로 교정하기		
			④ 자신이 바라는 국어 성적 및 국어 학습상황 자기평가	
		⑤ 읽기 학습전략 1, 2단계 적용		
			⑥ 국어 학습 성공 경험 탐색	
		⑦ 읽기 학습전략 3, 4단계 적용		
			⑧ 자신의 성적은 누구 탓인지 탐색	
		⑨ 읽기 학습전략 5, 6단계 적용		
		⑩ 읽기 학습전략 종합 적용		
			⑪ 현실요법적 피드백	
		수학 문장제 해결전략	① 자신이 바라는 수학성적 및 수학 학습상황 자기평가	바람탐색 행동탐색 평가하기 계획하기
		② 수학 문장제 해결 전략 단계 익히기		
			③ 수학 학습 성공경험 탐색	
		④ 계산 과정이 1회인 문장제 해결하기		
		⑤ 계산 과정이 2회인 문장제 해결하기		
			⑥ 현실요법적인 자기평가	
			⑦ 서로 다른 선택의 결과	
		⑧ 계산 과정이 3회인 문장제 해결하기		
		⑨ 수학 문장제 해결전략 종합 적용		
			⑩ 좋은 선택하기	

2. RSCP의 내용

1) 프로그램의 성격 및 회기 수

학업문제에 대한 학교상담의 관심은 그 원인과 증상에 따라 상담적 접근방법 (counseling approach)과 훈련적 접근방법(training approach)의 두 가지 방향으로 이루어져 왔다(Robyak & Patton, 1977). 학업문제의 원인이 학생들의 학업에 대한 불만이나 정서적 및 성격적 요인의 결함에 있다고 보고, 정의적 상담을 통해 성격특성에 변화를 일으켜 학업에 장애가 되는 요인을 제거함으로써 학업성적을 향상시키려는 것을 상담적 접근방법이라고 한다(Gilbreath, 1967). 반면에 학업부진의 주된 원인이 학습기술상의 결함에 있다고 보고 부족한 또는 결함이 있는 학습기술을 교정하고 치료함으로써 학업성적을 향상시키고자 하는 것을 훈련적 접근방법이라고 한다(Castagna & Codd, 1984). 이와 같은 분류에 기초한다면, 현실요법은 상담적 접근 방법이고, 자기조절학습은 훈련적 접근 방법에 속한다. 본 연구에서는 자기조절학습과 현실요법의 통합을 시도하였으므로 두 접근법을 모두 포함하고 있다. 이 중에서 자기조절학습은 학습전략적 요소들을 많이 포함하고 있기 때문에 학습기술 훈련에서 제시하고 있는 기준들을 중심으로 프로그램의 운영시간과 회기 수를 결정하였다.

학습기술 훈련에서 요구되는 훈련기간은 연구에 따라 다소 차이가 있지만, 대체로 훈련에 대한 참여 동기가 있을 때는 최소한 8시간 이상 훈련시키면 학습습관이 향상되었고(Evans, 1984; Jackson & Van Zoost, 1974; Van Zoost & Jackson, 1974), 최소한 10시간 이상 훈련시키면 학업성적이 향상되었다(Harris & Johnson, 1980; Driskell & Kelly, 1980; Robyak & Sherrard, 1978)고 하였다. 그러나 김남옥(1991a)은 자발적인 참여자가 아닌 경우에는 20시간 이상 훈련시켜야 학업성적이 향상되었다고 밝혔다.

학업기술의 하위요인별로 훈련에 필요한 회기 수를 살펴보면, 시간관리 기술은 최소한 4회 정도 실시하면 학업성적은 향상되지 않아도 학습시간을 효율적으로 관리하는 데는 효과가 있었다고 보고하였다(McDevitt, 1978). 읽기 기술도 4회 정도 훈련을 실시하면 최소한 읽기 기술이나 문제풀이에 효과가 있었다고 밝혔다(Richards, McReynolds, Holt, & Sexton, 1976; Jackson & Van Zoost, 1972). 1회기에 소요되는 훈련 시간은 대상에 따라 다른데, 대학생의 경우에는 1~2시간, 중·고등학생은 30분~1시간 정도를 훈련한다(Bianco & McCormick, 1989; Harris & Trujillo, 1975)고 보고하였다.

이상의 내용에서 시사를 받아 본 연구에서는 프로그램을 다음과 같이 운영하기로 하였다.

첫째, 학업기술의 하위요인별로 최소한 4회기가 필요하다고 하였으므로 본 연구에서도 이를 받아들여 프로그램을 구성하였다. 즉 동기조절 4회기, 행동조절 6회기, 인지 및 초인지조절로서의 읽기 학습 전략 5회기, 수학 문장제 해결 전략을 5회기로 구성하고, 도입과 정리 회기를 각각 1회기씩 별도로 구성하였다. 그러므로 총 회기는 22회기가 되는 것이다. 이러한 회기 수는 김남옥(1991a)이 제시한 20시간 이상이 되므로 비자발적인 참여자도 학업성적이 향상될 수 있는 회기 수이다.

둘째, 1회기의 훈련 시간이 대학생은 1~2시간, 중·고등학생이 30분~1시간 정도 훈련한다는 점을 감안하여, 본 연구의 대상이 초등학교 6학년이므로 회기당 50분을 운영하기로 하였다.

2) RSCP의 회기별 내용

(1) 동기조절 영역의 회기별 내용

동기조절 프로그램은 자신의 기본욕구 이해 한 회기, 자기효능감 한 회기, 목표설정 한 회기, 성취가치 한 회기 총 4회기로 구성하였다. 행동조절 프로그램이 6회기, 읽기 학습 전략이 5회기, 수학 학습전략이 5회기인 점을 감안하면, 동기조절 프로그램은 4회기로 상대적으로 적게 편성하였다. 그 이유는 시작 프로그램인 1회기와 정리 프로그램인 22회기가 다분히 동기적인 요소를 포함하고 있을 뿐만 아니라, 5회기의 '마법사가 선물로 준 하루'라는 프로그램은 시간관리에 배정되어 있지만, 시간관리의 필요성을 느끼게 하는 목적으로 개발되었으므로 동기적인 측면도 강하기 때문이다.

2회기에 실시된 '나의 기본욕구 이해' 프로그램에서는 우선, 사람이 자신의 욕구를 충족하기 위하여 행동한다는 것을 탐색을 통해 알게 하였다. 다음으로 다섯 가지 기본욕구를 이해하고, 자신의 욕구 강도를 알게 하였다. 이러한 자신의 욕구 강도에 맞는 학습 스타일이 무엇인지 비슷한 참여자끼리 조를 편성하여 토의한 후에 공통점을 찾아 발표하게 하였다. 여기에서 기본욕구를 이해하고 자신의 욕구 강도를 탐색한 것은 현실요법적인 내용이고, 이를 바탕으로 자신에게 맞는 학습 스타일을 찾아보게 한 것은 자기판단에 근거하기 때문에 사회인지적 관점의 자기조절학습이다.

3회기의 자기효능감 향상 목적의 프로그램에서는 자신의 좋은 세계(quality world)를 알아본 후, 자기가 좋아하는 것과 잘하는 것을 탐색하고 자신에게 맞는 직업을 세 가지 정도 찾아보게 하였다(부록 2 참조). 이러한 시도는 자기효능감 판단을 통하여 직업 선택을 예측할 수 있다는 연구 결과(Hackett, 1995; Hackett & Betz, 1992)를 받아들인 것이다. 좋은 세계(quality world)와 좋아하는 것을 탐색하는 것은 바람(Want) 탐색이고, 잘하는 것을 탐색하는 것은 내적 자원을 탐색하는 것이므로 현실요법적인 내용이다. 한편 자신에게 맞는 직업을 탐색하는 것은 자기판단에 근거하기 때문에 자기조절학습이다.

4회기는 자신의 학습과 관련된 구체적인 목표를 설정하기 위한 회기이다. 우선 좋은 세계(quality) 속의 장래 희망을 탐색하고, 이 희망을 달성하기 위해 현재 열심히 공부하고 있는지 체크리스트를 활용하여 점검해 본 후에, 개선할 점을 찾아보게 하였다. 이러한 점검 결과를 바탕으로 1일 행동 지침과 한 학기 목표를 설정하게 하였는데, 여기에서 설정된 지침과 목표는 추후 일상생활 계획표 만들기에 반영되고, 매 회기 도입 단계에서 실천 정도를 확인하였다. 이 회기에서 좋은 세계(quality world)를 탐색한 것은 바람 탐색의 일종으로 현실요법적 내용이고, 자신의 공부습관을 점검한 것은 조작주의적 관점의 자기조절학습이다. 이러한 자기점검의 결과를 바탕으로 한 학기 목표를 설정하고, 그에 적합한 1일 행동 지침을 선정한 것은 현실요법의 계획(Plan)하기에 해당된다.

11회기도 동기조절 프로그램으로 성취가치를 인식하게 하는 회기이다. 학업성취와 관련된 긍정경험을 탐색한 후에 자신의 여러 가지 능력들을 확인하게 하였으며, 학교 학습의 가치에 대한 자신의 입장을 정리하여 토론하게 하였다. 이 프로그램이 다른 동기조절 프로그램과 떨어져 있는 이유는 학교 학습의 가치를 인식하게 한 후, 곧바로 읽기 학습 전략과 수학 문장제 해결 전략 관련 회기를 전개하기 위함이다. 이 회기에서 학업성취 긍정경험 발표는 좋은 세계(quality world) 탐색과 관련이 있고, 자신의 능력 탐색은 자기평가에 해당하므로 현실요법적인 내용들이다. 한편 학교 학습의 가치를 토론하여 인식하는 것은 자기판단에 기인하기 때문에 자기조절학습이다.

(2) 행동조절 영역의 회기별 내용

행동조절 프로그램은 시간관리에 4회기, 도움 구하기 1회기, 행동통제 1회기로 총 6회기를 구성하였다. 시간관리에 4회기를 배정한 이유는 시간관리 기술은 최소한 4회 이상 실시해야 효과를 얻을 수 있다는 연구 결과(McDevitt, 1978)와 시간관리 기술이 학업에 대한 노력을 가장 잘 예언해 주며(Bawman, 1981), 지능보다 학업성취를 더 많이 예언한다는 연구 결과(Macan, Shabani, Dipboye, & Phillips, 1990)를 받아들여, 그 중요성을 인정하였기 때문이다. 아울러 좋은 학습자는 도움이 필요할 경우, 친구나 선생님 혹은 부모님에게 요청하거나 도움이 되는 정보를 탐색한다는 입장(유경호, 2004)을 받아들여 도움 구하기에 한 회기를 배정하였고, 여러 어려움에 부딪혀도 포기하지 않고 학습을 계속해 나가는 데에는 행동통제가 필요(Kuhl, 1985; 양명희, 2000)하므로 이에 한 회기를 배정하였다.

본 연구에서의 시간관리 프로그램은 동기유발, 시간활용 실태점검, 일상 생활계획표 만들기, 일상 생활계획표 수정 및 보완하기의 4단계로 구성되어 있으며, 한 회기에 한 단계씩 배정하였다. 5회기는 시간관리에 대한 동기를 유발하는 프로그램으로, 마법사가 선물로 하루를 주었으니 자기 마음대로 할 수 있는 시간표를 만들어 보게 하였다. 여기에서 완성된 시간표에는 자신의 좋은 세계(quality world)가 반영된 것인데, 이것을 자신의 실제 생활과 비교해 보고 시간표 수정의 필요성을 느끼게 하였다. 그 다음에는 내일이 시험 날이고 놀기만 하면 주었던 하루를 빼앗아 간다는 조건을 달아 최선의 시간표를 만들어 보게 하였다. 여기에서 좋은 세계(quality world)를 반영한 시간표를 만든 것은 현실요법적 내용이고, 현실적인 조건을 제시하여 시간표를 변경하도록 한 것은 자기점검과 자기판단을 수반하는 자기조절학습이다.

6회기는 자신의 시간활용 실태를 점검하여 늘려야 할 시간, 줄여야 할 시간, 고쳐야 할 습관을 알아보게 하였다. 아울러 현실요법적인 계획 세우기의 기준을 제시하고 자투리 시간 활용 계획도 세우게 하였다(부록 3 참조). 여기에서 시간활용 실태를 점검한 것은 자기판단을 수반하므로 자기조절학습에 해당되며, 계획 세우기의 기준은 현실요법에 근거하여 제시하였다. 현실요법적인 기준에 맞는 계획은 간단한(simple), 실현 가능한(attainable), 측정 가능한(measurable), 즉시 시행할 수 있는(immediate), 자신의 힘으로 할 수 있는(controled by the planner) 계획이다. 이러한 기준에 따라 자투리 시간 활용 계획을 세운 것은 현실요법의 계획(Plan)하기에 해당된다.

7회기에는 자신이 실천할 일상 생활계획표를 만드는 프로그램이다. 고정시간, 생활시간, 자유시간, 학습시간을 기록해 가면서 자신의 계획표를 완성하게 하였다. 이렇게 완성된 계획표는 자신의 힘으로 실천 가능한 것인지 점검하게 하였다. 이 회기에서 자신이 실천할 계획표를 만드는 것은 현실요법의 계획(Plan)하기이고, 실천 가능한지를 점검하는 것은 자기조절학습이다.

8회기에는 지난주의 일상생활 계획표 실천결과를 평가하고, 이를 바탕으로 자신에게 맞는 계획표로 수정하는 작업을 하였다. 실천 결과를 평가하는 것은 현실요법의 평가(Evaluation)하기로 여기에서는 행동(Doing)에 대한 평가이다. 반면에 평가 결과를 바탕으로 생활계획표를 수정하는 것은 자기판단에 근거하여 이루어지기 때문에 자기조절학습에 해당된다. 수정 작업이 끝난 후에는 실천 계약서를 쓰게 하였다. 계약서 쓰기는 현실요법적 측면에서 보면, 계획을 약속하는 과정이다. 이번 회기에서 완성된 일상 생활계획표의 실천 여부는 이후 회기의 도입단계마다 확인하도록 하였다.

본 연구의 시간관리 프로그램에 시사점을 준 연구는 김남옥(1991b)의 시간관리 기술 훈련 프로그램이다. 그는 각성하기, 할당하기, 시행하기, 변경하기, 활용하기로 구성된 5단계 시간관리 기술 훈련 프로그램을 제시하였다. 이 프로그램의 각성하기는 본 연구 프로그램 6회기의 시간 활용실태 알아보기에, 할당하기는 7회기 일상생활 계획표 만들기에, 변경하기는 8회기 일상생활 계획표 수정 및 보완하기에 부분적으로 반영하였다.

9회기는 도움을 구하고 학습자원을 관리하는 프로그램이다. 우선 사람 간의 관계가 멀어지는 이유를 탐색하게 하여 외부통제가 그 원인임을 깨닫게 하였다. 이러한 시도는 현실요법의 상담환경 가꾸기를 반영한 것이다. 현실요법에서는 사람마다 자신의 기본욕구와 바람이 다르기 때문에 다른 사람이 자기를 통제하려고 하면, 그 사람과 관계가 멀어진다고 본다. 다음으로 친하게 지내야 할 사람과의 관계를 점검하고 학습에 도움을 줄 수 있는 사람이 누구인지 찾아보게 하였다. 나아가 학습 매체 활용, 주변 환경 정리 실태를 점검한 후 개선 계획도 세우게 하였다. 나에게 도움을 줄 수 있는 사람과 학습 환경을 점검한 것은 자기조절학습에 해당되고, 개선 계획을 수립한 것은 현실요법적 내용이다.

10회기는 전행동(total behavior)을 이해하고, 자신의 학습행동을 자기평가한 다음, 제어 가능한 학습 방해 요소를 탐색하는 회기이다. 우선 전행동(total behavior)이 활동하기, 생각하기, 느끼기, 신체반응하기라는 네 가지 요소로 구성되어 있으며, 이 중에서 가장 통제하기 쉬운 것이 활동하기라는 것을 실습을 통하여 깨닫게 하였다. 다음으로 자신의 학습 행동이 바람을 충족시킬 수 있는 정도인지 자기평가하게 한 후, 자신의 의지로 제어할 수 있는 방해 요소는 무엇인지 찾아보게 하였다. 이 회기에서 전행동(total behavior)을 이해하고, 자신의 학습 행동을 자기평가하는 것은 현실요법적인 내용이고, 학습 방해요소를 탐색하여 자신의 의지로 제어할 수 있는 것을 찾아보게 한 것은 자기조절학습의 의지적 관점을 수용한 것이다.

(3) 인지 및 초인지조절 영역의 회기별 내용

본 연구에서는 RSCP가 국어과와 수학과의 학업성취에 미치는 효과를 알아보는
내용을 포함하고 있으므로 인지 및 초인지조절 영역에서는 두 교과와 관련된 프
로그램을 각각 5회기씩 구성하였다.

① 읽기 학습 전략 프로그램의 회기별 내용

12회기는 읽기 학습 전략 익히기가 시작되는 회기로, 구체적인 전략을 적용하
기 전에 자신의 읽기 습관을 점검하고 교정하는 회기이다. 우선 독서 속도를 측정
하여 우리나라 사람의 평균 글 읽는 속도와 자신의 속도를 비교해 보고 읽기 가
능한 속도를 알아보게 구성하였다. 이 활동이 끝나면 음독 습관을 진단하고 묵독
으로 교정하게 하였다. 평소 자신의 학습행동에 기초하여 음독 습관을 자기평가
하는 것은 현실요법에 해당되고, 음독습관을 묵독으로 교정하는 것은 자기조절학
습에 해당된다.

13회기는 본 연구에서 개발한 읽기 학습 전략 6단계 중 1단계 시각 바꾸기와
2단계 훑어보기를 집중적으로 학습하는 회기이다. 우선 자신이 바라는 국어 교과
성적을 탐색하게 한 후, 지금까지 적용해 온 학습전략이 국어 교과 성적 향상에
도움이 되었는지 살펴보고 새로운 학습전략이 필요함을 깨닫게 하였다. 이러한
시도는 현실요법의 바람(Want) 탐색과 평가(Evaluation)하기에 해당된다. 다음으로
읽기 학습 전략 1단계와 2단계를 지도하였는데, 1단계 시각 바꾸기는 책을 읽을
때 단순히 독자의 시각에서 읽는 것이 아니라 저자나 교사의 입장에서 읽는 것을
말한다. 2단계 훑어보기는 제목, 소제목, 그림이나 도표, 형식 문단들의 첫 문장
등을 읽는 것을 말한다. 이렇게 읽기 학습 전략 1단계와 2단계를 익혀 실행하는
것은 자기조절학습에 해당된다.

14회기에는 국어 학습 성공 스토리를 만들게 한 후에 읽기 학습 전략의 3단계
인 질문하기와 4단계인 질문에 대한 답을 찾으며 읽기를 집중적으로 다루는 회기
이다. 3단계 질문하기는 문단의 수, 중심 내용, 주제, 제목에 대해 의문을 제기하
는 것을 말한다. 4단계 답 찾으며 읽기는 질문에 답을 찾기 위해 중요한 내용에
밑줄을 긋거나 표시하기, 모르는 낱말에 네모 치기를 하며 읽는 것을 말한다. 이

회기에서 국어 학습 성공 스토리를 만든 것은 내재된 바람(Want)을 탐색하고 긍정 경험을 제공한 것으로 현실요법에 해당되고, 읽기 학습 전략 3단계와 4단계를 익혀서 적용하는 것은 자기조절학습에 해당된다.

15회기는 자기의 성적이 누구의 탓인지를 탐색하게 한 후, 5단계인 통합하기와 6단계인 글로 표현하기를 집중적으로 학습하는 회기이다. 우선 자기의 성적은 다른 사람이나 환경 탓이 아니라 자기 자신에게 달려 있음을 깨닫고 열심히 공부하려는 태도를 갖게 하였다. 이러한 시도는 외부통제보다는 내부통제를 강조하는 현실요법에 해당된다. 다음으로 5단계와 6단계를 지도하였는데, 5단계 통합하기는 글을 읽은 후에 작성한 질문들에 대한 답을 중심으로 요점을 서로 관련짓고 분류하는 것이다. 6단계 글로 표현하기는 읽은 내용의 줄거리를 글로 표현하는 것을 말한다. 이와 같이 읽기 학습 전략 5단계와 6단계를 익혀서 적용하는 것은 자기조절학습에 해당된다.

16회기는 읽기 학습 전략을 종합 적용하는 회기이다. 우선 현실요법적인 피드백 방법을 익혀서 다른 사람과의 관계를 해치지 않을 뿐만 아니라 도움이 되는 피드백을 주고받도록 하였다. 현실요법적 피드백이란 비난을 전혀 사용하지 않고 '누구는 무엇을 한 것으로 보입니다. 제가 그 부분을 다르게 한다면 이렇게 해 보고 싶습니다'와 같은 방식으로 말하는 것이다. 다음으로 주어진 글을 자신이 읽을 수 있는 의미단위로 사선을 치게 한 후, 기준표를 보고 자신의 읽기 정도를 판단하게 하고, 다른 글에도 적용하게 하였다. 이러한 활동은 기억의 제한을 극복하기 위해서는 정보를 청크(chunk) 단위로 꾸러미화해야 한다는 정보처리적 관점을 수용한 것이다. 마지막으로 세 수준의 활동지를 제시하고 참여자가 자신의 능력에 맞는 것을 골라 활동하게 하였다. 이러한 활동의 배경은 자기조절학습의 전략으로 Wang과 Plincsar(1989)가 제시한 교수 전략을 적용한 것이다. 즉 읽기 학습 전략의 시작 회기인 12회기에 자신의 읽기습관을 자기평가하게 한 후, 13회기부터 15회기까지는 지도자의 시범 및 전문가 지원(expert scaffolding)을 제공하지만, 마지막 회기인 16회기는 지도자의 지원을 철회하고 참여자 스스로 자신의 수준에 맞는 문제를 골라 해결하게 하였다.

② 수학 문장제 해결 전략 프로그램의 회기별 내용

17회기에는 수학 문장제 해결 학습 전략이 시작되는 회기로 먼저 내담자 스스로 수학 학습상태를 점검하고 자기평가를 하도록 하였다. 이러한 시도는 현실요법의 평가(Evaluation)하기에 해당된다. 평가(Evaluation)하기는 현실요법에서 매우 중요시하는 과정으로 올바른 자기평가 없이는 행동의 변화를 기대하기 어렵기 때문이다. 자기평가가 끝난 후에는 수학 문장제 해결 전략을 익히고, 그 전략을 간단한 문제에 적용해 보도록 하였다(부록 4 참조). 읽기 학습 전략에서는 단계를 2개씩 묶어 차례로 익히게 하였으나, 수학 문장제 해결 전략에서는 이번 17회기에 1~6단계를 모두 익히도록 하였다. 대신에 계산 과정에 따라 문제의 난이도가 다르다고 보고, 계산과정이 1회, 2회, 3회인 문제로 구분하여 회기를 달리 구성하였다.

18회기에는 계산과정이 1회인 문제를, 19회기에는 계산과정이 2회인 문제를, 20회기에는 계산과정이 3회인 문제를 해결하도록 하였다. 이러한 시도는 수학 학습의 단계성을 고려한 것이다. 또한 18회기부터 20회기까지는 기본문제를 지도자의 시범이나 지원, 동료의 모델링을 통해서 학습하지만, 연습문제는 각자의 수준에 따라 해결하도록 회기별로 세 수준 이상의 문제들을 제공하였다.

18회기는 수학 학습 성공 스토리를 만든 후에 계산 과정이 1회인 수학 문장제를 해결하는 회기이다. 수학 문장제 해결이 끝난 후에는 계산결과를 토론하게 하였다. 이 회기에서 수학 학습 성공 스토리를 만든 것은 내재된 바람(Want)을 탐색하고 긍정 경험을 제공한 것으로 현실요법에 해당되고, 학습전략을 적용하여 계산과정이 1회인 수학 문장제를 해결하고 토론한 것은 자기조절학습에 해당된다.

19회기에서는 현실요법적인 자기평가 방법을 익힌 후에 계산과정이 2회인 수학 문장제를 해결하고, 그 결과를 토론하도록 하였다. 현실요법적인 자기평가란 자기 자신을 비난하거나 위축되지 않고, '나는 무엇을 했습니다. 만일 내가 이것을 다시 한다면 이렇게 해 보고 싶습니다'와 같이 평가하는 것을 말한다. 이 회기에서 학습전략을 적용하여 계산과정이 2회인 수학 문장제를 해결하고 토론한 것은 자기조절학습에 해당된다.

20회기에는 현재 상황이 어렵다고 포기한 경우와 어렵지만 꾸준히 공부하기를 선택한 경우의 결과가 어떻게 다를지 탐색하게 한 후, 계산과정이 3회인 수학 문장제를 해결하고 토론하게 하였다. 서로 다른 선택의 결과를 탐색하는 것은 '인간은 갈등 상황에서 새로운 행동을 선택한다'는 현실요법적인 입장에 근거한 접근이고, 학습전략을 적용하여 계산과정이 3회인 수학 문장제를 해결하고 토론하는 것은 자기조절학습이다.

21회기에는 수학 문장제 해결 전략을 종합 적용하는 회기이다. 이 회기에서는 그간의 학습 결과를 토대로 참여자가 자신의 능력에 맞는 문제를 골라 해결하게 하였다. 이러한 활동의 배경은 읽기 학습 전략의 마지막 회기에서와 마찬가지로 Wang과 Plincsar(1989)가 제시한 교수 전략을 적용한 것이다. 즉 수학 문장제 해결 전략의 시작 회기인 17회기에 수학 학습상태를 점검하여 자기평가하게 하였고, 18회기부터 20회기까지 교사의 시범 및 전문가 지원(expert scaffolding)을 제공하였으며, 수학 문장제 해결 학습의 마지막 회기인 이번 회기에는 교사의 지원을 철회하고 학생이 스스로 자신의 수준에 맞는 문제를 골라 해결하게 하였다. 이러한 교수전략의 적용은 참여자들의 자기조절학습을 돕기 위한 것이다. 또한 이 회기는 프로그램이 종료되기 직전 회기로, 본 프로그램에 참여한 것이 좋은 선택(quality choice)이었는지 돌아보게 하였다. 즉 이 프로그램에 참여함으로써 자신의 기본욕구가 충족되었는지, 프로그램이 공부하는 데 도움이 되었는지, 공부하고 싶은 마음이 들게 되었는지 등을 탐색하게 하였다. 이러한 시도는 참여자의 바람(Want)에 기초한 현실요법적인 탐색이다.

(4) 도입 회기와 정리회기의 내용

도입 회기인 1회기와 정리 회기인 22회기는 나머지 회기와 관련이 있고 동기조절의 기능을 하나, 명확히 하나의 영역으로 분류하는 데는 무리가 있어서 본 프로그램의 영역에는 배정하지 않았다.

1회기는 처음 시작하는 도입 회기로 자기소개, 프로그램 안내, 행동 규준안내 및 서약서 작성 등으로 구성되어 있다. 자기소개 내용 중 '만약 내가 무엇이든 될 수 있다면?'이라는 질문을 통해 참여자의 바람(Want)을, '자신에게 가장 소중한 세 사람은?'이라는 질문을 통하여 대인관계를, '내가 행복해지려면?'이라는 질문을 통해서는 참여자의 지각세계를 개괄적으로 파악하였다. 이와 같은 자기소개의 내용은 현실요법적인 방법으로 참여자를 이해하기 위한 시도이다. 프로그램과 행동규준을 안내하는 것은 본 상담을 구조화하는 것이고, 서약서를 받는 것은 참여자의 약속을 받아 내는 것이다.

22회기는 본 프로그램을 마무리하는 회기이다. 우선 그동안 참여자들이 실천한 행동지침과 일상생활계획표의 실천 정도를 확인하고 자기평가하게 한 다음, '사이먼 가라사대'라는 명령 게임을 통하여 본 프로그램에서 학습했던 내용들을 정리하게 하였다. 끝으로 본 프로그램이 끝나고도 계속 실천하겠다는 다짐을 열매 모양의 종이에 기록한 후, 다짐나무를 꾸미게 하였다. 여기에서 실천 정도를 자기평가한 것은 현실요법의 평가(Evaluation)하기에 해당되고, 명령게임을 활용한 학습내용 정리는 자기조절학습에, 다짐나무 꾸미기는 현실요법의 계획(Plan)하기에 해당된다.

3. RSCP의 실제

본 연구에서 개발한 프로그램은 동기조절 4회기, 행동조절 6회기, 인지 및 초인지조절로서의 읽기 학습 전략 5회기, 수학 문장제 해결 학습전략 5회기, 시작 회기와 정리 회기가 각각 1회기로 총 22회기로 구성되어 있다. 프로그램의 진행은 동기조절, 행동조절, 인지 및 초인지조절 순이다. 다만 동기조절 프로그램은 2~4회기, 11회기에 배정하여 운영하였다. 이렇게 동기조절 프로그램을 간격을 두고 배정한 이유는, 11회기의 내용이 학교 학습의 가치를 인식하게 하는 회기로, 이후에 진행되는 읽기 학습 전략이나 수학 문장제 해결 전략과 깊은 관련이 있기 때문이다.

본 연구의 프로그램은 자기조절학습과 현실요법이 통합되어 있다. 그러므로 각 회기의 내용은 두 기법 중 한 기법이 $\frac{1}{3} \sim \frac{2}{3}$ 정도가 되게 편성하였다. 즉 현실요법이 성취동기 향상 및 학습습관 개선에 강점이 있고, 자기조절학습이 학업성취 향상에 강점이 있다는 점을 감안하여, 동기조절 영역과 행동조절 영역은 현실요법의 내용을 더 많이 편성하였으며, 인지 및 초인지조절 영역은 자기조절학습의 내용을 더 많이 편성하였다. 아래 <표 Ⅲ-2>에서 '주요 내용' 중 ◎표 된 부분은 현실요법적 내용들이고, □표 된 부분은 자기조절학습에 해당되는 내용들이다. 본 연구의 프로그램은 현실요법의 과정적인 요소를 고려하여 구성되었는데, '주요 내용' 중에서 현실요법적인 것들은 표 우측의 '현실요법의 과정 요소' 해당 칸에 ○표 하였다. 자기조절학습의 내용들도 현실요법의 과정 요소 중 하나 이상과 관련 있는 것들을 선정하였다. 그러므로 이들 자기조절학습의 내용이 현실요법의 어느 과정과 관련이 있는지를 △표로 표시하였다. 이와 같은 현실요법의 과정 요소들을 동기조절, 행동조절, 인지 및 초인지조절 영역별로 모두 합하면, 각 영역마다 바람탐색, 행동탐색, 평가하기, 계획하기의 과정을 모두 거치도록 내용을 구성하였다. 본 연구에서 개발한 프로그램은 다음 <표 Ⅲ-2>와 같다.

〈표 Ⅲ-2〉 RSCP의 내용

회기	영역 (차시)	주제	주요 내용	바람 탐색	행동 탐색	평가 하기	계획 하기
1	도입(1/1)	나를 소개합니다	◎ 자기 소개하기: 되고 싶은 것, 소중한 세 사람, '내가 행복해지려면?', 이 프로그램에서 얻기를 바라는 것	○			
			□ 프로그램 및 행동규준 안내				△
2	동기조절 (1/4): 기본욕구 이해	나의 기본욕구와 학습 스타일	◎ 다섯 가지 기본욕구 이해	○			
			◎ 나의 기본욕구 알아보기	○			
			□ 나에게 맞는 학습 스타일 알아보기	△			
3	동기조절 (2/4): 자기효능감	내가 좋아하는 것, 내가 잘하는 것	◎ 좋은 세계(quality world) 알아보기	○			
			◎ 좋아하는 것과 잘하는 일 탐색하기	○	○		
			□ 나에게 맞는 직업 세 가지	△			
4	동기조절 (3/4): 목표설정	구체적인 목표 세우기	◎ 좋은 세계(quality world)와 장래 희망	○			
			□ 자신의 공부습관 점검		△	△	
			◎ 한 학기 목표 설정 및 1일 행동 지침 작성				○
5	행동조절 (1/6): 시간관리	마법사가 선물로 준 하루	◎ 내 맘대로 시간표 만들기	○			
			◎ 좋은 세계(quality world)와 현실 세계에서의 시간활용 비교	○	○	○	
			□ 최선의 시간표 만들기	△			

회기	영역 (차시)	주제	주요 내용	현실요법의 과정 요소			
				바람 탐색	행동 탐색	평가 하기	계획 하기
6	행동조절 (2/6): 시간관리	나는 시간을 잘 활용하고 있는가	□ 시간 활용 실태 알아보기		△	△	
			◎ 현실요법적인 계획 세우기의 기준				○
			◎ 자투리 시간 활용 계획				○
7	행동조절 (3/6): 시간관리	일상 생활계획표 만들기	◎ 일상 생활계획표 만들기				○
			□ 계획표 점검		△		
8	행동조절 (4/6): 시간관리	일상 생활계획표 수정 및 보완	◎ 실천 정도 평가			○	
			□ 생활계획표 수정하기				△
			◎ 계획서 활용 안내 및 실천 약속				○
9	행동조절 (5/6): 도움 구하기	나의 학습 자원 관리	◎ 대인관계 갈등 상황 탐색		○		
			□ 학습 자원관리 실태 점검		△		
			◎ 도움 구하기 및 학습자원 관리 개선 계획 세우기				○
10	행동조절 (6/6): 행동통제	행동의 선택	◎ 전행동에 대한 이해		○		
			◎ 이런 경우에는?		○	○	
			□ 이렇게 할 거야!				△
11	동기조절 (4/4): 성취가치	나의 가치! 공부 의 가치!	◎ 학업성취 긍정 경험 발표		○		
			◎ 능력의 손			○	
			□ 학교 학습의 가치 토론			△	
12	인지·초인지조절 (읽기 학습 1/5)	나의 읽기 습관은	□ 독서 속도 측정		△	△	
			◎ 음독 습관 진단 및 평가		○	○	
			□ 음독을 묵독으로 교정하기				△
13	인지·초인지조절 (읽기 학습 2/5)	읽기 학습 전략 1, 2단계 익히기	◎ 자신이 바라는 국어 성적 및 국어 학습 상황 자기평가	○	○	○	
			□ 1단계: 시각 바꾸기		△	△	△
			□ 2단계: 훑어보기		△	△	△
14	인지·초인지조절 (읽기 학습 3/5)	읽기 학습 전략 3, 4단계 익히기	◎ 국어 학습 성공 스토리 만들기	○			
			□ 3단계: 질문하기		△	△	△
			□ 4단계: 질문의 답 찾으며 글 읽기		△	△	△
15	인지·초인지조절 (읽기 학습 4/5)	읽기 학습 전략 5, 6단계 익히기	◎ 외부통제와 내부통제		○		
			□ 5단계: 통합하기		△	△	△
			□ 6단계: 글로 표현하기		△	△	△
16	인지·초인지조절 (읽기 학습 5/5)	읽기 학습 전략 의 적용	◎ 현실요법적인 피드백			○	
			□ 의미단위 확장을 위한 읽기 방법		△	△	△
			□ 읽기 학습 전략 종합 적용		△	△	△
17	인지·초인지조절 (수학 문장제 해 결 1/5)	수학 문장제 해 결은 이렇게	◎ 수학 학습 실태 점검 및 자기평가	○	○	○	
			□ 수학 문장제 해결 전략 단계 익히기		△	△	△

회기	영역 (차시)	주제	주요 내용	현실요법의 과정 요소			
				바람 탐색	행동 탐색	평가 하기	계획 하기
18	인지 · 초인지조절 (수학 문장제 해 결 2/5)	수학 문장제 해결 전략 적용, 계산 과정 1회 문장제	◎ 수학 학습 성공 스토리 만들기	○			
			□ 계산과정이 1회인 문장제 해결하기		△	△	△
			□ 계산결과 토론하기			△	
19	인지 · 초인지조절 (수학 문장제 해 결 3/5)	수학 문장제 해결 전략 적용, 계산 과정 2회 문장제	◎ 현실요법적 자기평가 방법 익히기			○	
			□ 계산과정이 2회인 문장제 해결하기		△	△	△
			□ 계산결과 토론하기			△	
20	인지 · 초인지조절 (수학 문장제 해 결 4/5)	수학 문장제 해결 전략 적용, 계산 과정 3회 문장제	◎ 서로 다른 선택의 결과				○
			□ 계산과정이 3회인 문장제 해결하기		△	△	△
			□ 계산결과 토론하기			△	
21	인지 · 초인지조절 (수학 문장제 해 결 5/5)	수학 문장제 해결 전략 종합 적용	□ 능력에 맞는 문장제를 선택하여 해결 하기		△	△	△
			□ 계산결과 토론하기			△	
			◎ 좋은 선택(quality choice)이었나?			○	
22	정리(1/1)	이젠, 내 힘으로	◎ 행동지침 실천 정도 확인 및 자기평가			○	
			□ 명령 게임			△	
			◎ 다짐나무 꾸미기				○

Chapter 04

RSCP의 효과 검증 방법

1. 참여 대상

경기도 북부지역 도농복합시의 동(洞) 지역에 위치한 초등학교 1개교 6학년 86명(남 33명, 여 53명)을 대상으로, 2009년 3월에 교육과학기술부 주관으로 시행한 '국가수준 교과학습 진단평가' 결과를 바탕으로 피험자를 선발하였다. 이 평가 결과 국어와 수학의 합계 평균 점수는 72.06점이고, 표준편차는 15.38이었다. 피험자는 상위집단과 하위집단으로 나누어 선발하였는데, 국어와 수학교과의 평균 성적 상위 30%에 해당하는 26명(남 12명, 여 14명)과 하위 30%에 해당하는 26명(남 12명, 여 14명) 중에서 본인 및 학부모의 참여 의사를 밝힌 상위집단 25명(남 12명, 여 13명), 하위집단 24명(남 12명, 여 12명)을 대상으로 실험집단과 통제집단을 선발하였다. 선발 방법은 무선적 방법을 이용하여 남자 중에서 피험자의 50%를 선발하고, 나머지 50%는 여자 중에서 선발하였다. 즉 상위집단 남자 12명 중 6명은 실험집단 1에 또 다른 6명은 통제집단 1에 무선할당하였으며, 여자 13명도 실험집단 1과 통제집단 1에 각각 6명씩 무선할당하고 1명은 어느 집단에도 배정하지 않았다. 하위집단은 남녀 각각 12명씩이 참여 의사를 밝혔으므로, 남녀 각각 6명씩을 실험집단 2와 통제집단 2에 무선할당하였다. 참여 대상을 정리하면 <표 Ⅳ-1>과 같다.

본 연구의 참여 대상은 2009년 '국가수준 교과학습 진단평가'의 국어와 수학 성적의 평균을 기준으로 선정되었다. 참여자들이 속해 있는 6학년 86명을 대상으로 산출한 국어성적 평균점수는 75.02이고, 수학성적 평균점수는 69.09이며, 두 과목의 평균은 72.06이었다. 국어, 수학, 평균별 성적 분포를 제시하면 다음 <표 Ⅳ-2>와 같다.

<표 Ⅳ-1> 참여 대상

연구집단 \ 성별		남	여	계
학업성취 상위집단	실험집단 1	6	6	12
	통제집단 1	6	6	12
학업성취 하위집단	실험집단 2	6	6	12
	통제집단 2	6	6	12

<표 Ⅳ-2> 연구대상의 성적 분포

교과	연구집단	성적 분포								계
		30~40	40~50	50~55	55~65	65~75	75~80	80~90	90~100	
국어	실험집단 1							7	5	12
	통제집단 1							7	5	12
	실험집단 2	1	2	2	3	4				12
	통제집단 2	2			5	5				12
수학	실험집단 1							8	4	12
	통제집단 1							7	5	12
	실험집단 2	2	7	2	1					12
	통제집단 2	1	3	6	2					12
평균	실험집단 1							8	4	12
	통제집단 1							8	4	12
	실험집단 2	1	3	5	3					12
	통제집단 2	1	2	1	8					12

본 연구의 대상 중에는 초보적인 읽기, 쓰기, 셈하기를 못하는 기초학습 부진아는 포함되어 있지 않다. 그러나 국가에서 제시한 기준에 도달하지 못한 아동들은 포함되어 있다. 2009년 '국가수준 교과학습 진단평가'를 기준으로 교육과학기술부에서 제시한 학력 도달기준은 국어 30문항 중 17개 이상, 수학도 30문항 중 17개 이상이 정답이어야 한다. 이를 100점 만점 척도로 환산하면 두 과목 모두 55점 이하이면 기준에 도달하지 못한 것이다. 그러므로 위의 <표 Ⅳ-2>에 나타나 있

는 바와 같이, 국어 성적 기준에 도달하지 못한 아동은 실험집단 2가 5명, 통제집단 2는 2명이고, 수학 성적 기준에 도달하지 못한 아동은 실험집단 2는 11명, 통제집단 2는 10명이다.

2. 효과 검증 도구

1) 성취동기 검사

Herman(1970)의 성취동기 검사(Prestatie Motivatie Test)를 정종진(1991)이 번안한 것과 류창열(1985)이 번안한 것을 토대로 박한숙(2000)은 초등학교 고학년용 성취동기 검사를 고안하였는데, Cronbach a 계수가 .89라고 밝혔다. 박한숙(2000)의 성취동기 검사는 28개 문항으로 구성된 객관적 자기보고 방식의 검사이며, 문항 형식은 4단계 척도에 따라 반응하도록 되어 있다. 이 검사에 의해 측정되는 성취동기 하위영역은 포부수준(3문항), 모험적 행동(3문항), 지위상승(3문항), 과업긴장(4문항), 인내(3문항), 시간지각(3문항), 동료선택(3문항), 인정을 위한 행동(3문항), 성취행동(3문항) 등 9개 영역이다. 그러나 이 검사는 연구자가 영역을 임의로 분류하였으며, 영역별 신뢰도를 제시하고 있지 않아서 본 연구에서 그대로 적용하기에는 한계가 있었다. 그러므로 본 연구에서는 박한숙(2000)의 성취동기 검사를 요인분석하여 신뢰도가 낮은 문항을 제외하고, 하위영역을 재구성하여 사용하였다.

초등학교 6학년 131명을 대상으로 예비조사를 실시하여 요인분석을 실시한 결과, 총 28개 문항 중 제외된 문항은 3개 문항(16번, 25번, 28번)이고 문맥을 부분 수정한 문항은 2문항(8번, 13번)이며, 하위영역은 목표달성 의욕(9문항), 학교과업 수행욕구(6문항), 성취행동 지각(6문항), 지위상승 욕구(4문항) 등 4개 영역(총 25문항)으로 구성하였다(부록 1 참조). 이 검사지의 Cronbach a 계수는 목표달성 의욕이 .77, 학교과업 수행욕구가 .76, 성취행동 지각이 .64, 지위상승 욕구가 .53이고, 전체는 .83이다. 본 연구에서 사용한 성취동기 검사지의 하위영역별 문항 번호는 다음 <표 Ⅳ-3>과 같다

〈표 Ⅳ-3〉 성취동기 하위영역별 문항 번호

하위영역	문항 번호
목표달성 의욕	4, 6, 7, 9, 11, 15, 20, 22, 24
학교과업 수행욕구	1, 5, 12, 13, 21, 25
성취행동 지각	2, 3, 10, 18, 19, 23
지위상승 욕구	8, 14, 16, 17

2) 학습습관 검사

본 연구에서는 박경숙과 이혜선(1976)이 개발한 초등학교 고학년용 학습습관 검사를 사용하였다. 검사의 형식은 Likert식 5단계 척도로 되어 있으며, 긍정적인 진술문일 경우에는 '항상 그렇다'에 답하면 5점, '대체로 그렇다'에 반응하면 4점, '그렇다와 아니다가 반반이다'인 경우에는 3점, '대체로 그렇지 않다'이면 2점, '전혀 그렇지 않다'이면 1점씩 배점하고, 부정적인 진술문일 경우에는 그 역으로 하였다. 이 검사는 주의집중 행동, 학습기술 적용 행동, 자율학습 행동 등 세 개의 하위영역으로 구성되어 있다. 이 검사의 문항 수는 각 영역별로 10문항씩 전체 30문항이다. Cronbach α 계수는 주의집중 행동이 .83, 학습기술 적용 행동이 .82, 자율학습 행동도 .82이고, 전체가 .94라고 밝혔다. 본 연구에서 초등학교 6학년 137명을 대상으로 조사한 Cronbach α 계수는 주의집중 행동이 .86, 학습기술 적용 행동도 .86, 자율학습 행동이 .81, 전체가 .94로 나타났다. 학습습관 검사의 하위영역별 문항 번호는 다음 <표 Ⅳ-4>와 같다.

〈표 Ⅳ-4〉 학습습관 검사의 하위영역별 문항 번호

하위영역	문항 번호
주의집중 행동	1~10
학습기술 적용 행동	11~20
자율학습 행동	21~30

3) 학업성취도 검사

(1) 학업성취도 사전검사

본 연구의 학업성취도 사전검사에서는 2009년 '국가수준 교과학습 진단평가' 과목 중 국어과와 수학과의 성적을 T점수로 표준화하여 활용하였다. 이 도구의 문항 수는 국어와 수학, 각각 30문항씩이다. 이 평가에 참여한 초등학교 6학년 86명의 원점수를 기준으로 국어 성적의 평균은 75.02이고 표준편차는 15.30이었으며, 수학 성적의 평균은 69.09이고 표준편차는 18.23이었다. 또한 이들을 대상으로 신뢰도를 산출한 결과 Cronbach α 계수는 국어가 .80, 수학이 .85였다. 국가수준 교과학습 진단평가의 교과별, 영역별 내용 및 문항 번호는 다음 <표 IV-5>와 같다.

〈표 IV-5〉 국가수준 교과학습 진단평가의 영역별 내용 및 문항 수

교과	영역	측정 내용	문항 번호
국어	어휘 이해	○ 시간을 표현하는 말 알기 ○ 비유적 표현 알기 ○ 문맥에 적절한 말 알기	20, 23, 26, 27
	내용 확인	○ 글의 제목 알기 ○ 말하는 내용 확인하기 ○ 인물의 성격 파악하기	4, 7, 8, 14, 15, 16, 18, 21, 22, 29, 30
	추리·추론	○ 생략된 내용 추론하기 ○ 이어질 내용 추론하기 ○ 글쓴이의 의도 파악하기	5, 6, 10, 12, 13, 24, 28
	감상·평가	○ 읽는 이에 따라 수용이 다름을 알기 ○ 시의 특징 이해하기 ○ 추천하는 글쓰기	1, 2, 3, 9, 11, 17, 19, 25
수학	수와 연산	○ 분수의 통분 ○ 분수와 소수의 이해 ○ 사칙연산과 배수와 약수	1, 2, 3, 4, 6, 7, 8, 16, 17, 18, 24, 26
	도형	○ 각도 측정, 각의 관계에 대한 이해 ○ 평면도형의 이해 ○ 입체도형의 이해 ○ 대칭관계의 이해	10, 11, 13, 14, 15, 20, 23
	측정	○ 넓이와 겉넓이 구하기 ○ 부피 구하기 ○ 둘레 측정하기 ○ 측정 단위 간의 관계 이해	12, 19, 21, 22
	확률과 통계	○ 줄기와 잎 그림 ○ 평균의 이해	27, 28

교과	영역	측정 내용	문항 번호
수학	규칙성과 문제해결	○규칙성을 이해하여 추론하기 ○문제해결을 위해 필요한 정보 찾기 ○문제해결 결과 검토하기 ○비례식 세워 문제 해결하기	5, 9, 25, 29, 30

(2) 학업성취도 사후검사

본 연구의 학업성취도 사후검사는 도 단위 교육청에서 기말 학력평가용으로 제공한 문제은행 CD에서 6학년 교사 3명이 영역별로 선별하여 제작한 6학년 1학기 말 학력평가를 활용하였다. 이 평가지는 국어 25문항, 수학 20문항으로 구성되어 있는데, 각 교과의 원점수를 T점수로 표준화하여 사용하였다. 이 평가에 참여한 초등학교 6학년 81명의 원점수를 기준으로 국어 성적의 평균은 80.74이고 표준편차는 14.62였으며, 수학 성적의 평균은 61.21이고 표준편차는 22.19였다. 이들을 대상으로 신뢰도를 산출한 결과, Cronbach a 계수는 국어가 .78, 수학은 .85였다. 6학년 1학기 말 학력평가의 교과별 내용 및 문항 번호는 다음 <표 IV-6>과 같다.

〈표 IV-6〉 6학년 1학기 말 학력평가 내용 및 문항 번호

교과	영역	측정 내용	문항 번호
국어	어휘 이해	○외래어와 고유어 알기 ○문맥에 적절한 말 알기 ○감정을 나타내는 말 알기	15, 18, 19, 20
	내용 확인	○글의 내용 파악하기 ○말하는 내용 확인하기	1, 2, 8, 9, 10, 16; 22, 24,
	추리·추론	○생략된 내용 추론하기 ○이어질 내용 추론하기 ○글쓴이의 의도 파악하기 ○자신의 의도에 비추어 글의 내용 조직하기	6, 7, 11, 14, 17, 21, 23
	감상·평가	○글의 부분에 따른 내용 알기 ○시의 특징 이해하기 ○글의 특징과 구성요소 알기 ○글의 종류 바꿔 쓰기 ○토의할 때의 규칙 알기	3, 4, 5, 12, 13, 25

교과	영역	측정 내용	문항 번호
수학	수와 연산	○분수, 소수의 사칙연산 ○분수와 소수의 이해 ○분수와 소수의 크기 비교	7, 9, 14, 15
	도형	○평면도형의 이해 ○입체도형의 이해	4, 12, 13, 16
	측정	○넓이와 겉넓이 구하기 ○부피 구하기	1, 2, 3, 5
	확률과 통계	○비율 그래프, 꺾은선 그래프 ○평균 구하기	17, 18, 19, 20
	규칙성과 문제해결	○비교하는 양과 기준량의 관계 알기 ○비례식을 세워 문제 해결하기 ○문제해결을 위해 필요한 정보 찾기 ○문제해결 결과 검토하기	6, 8, 10, 11

(3) 학업성취도 추후검사

본 연구의 학업성취도 추후검사에서는 2009년 '국가수준 학업성취도 평가' 중 국어과와 수학과의 성적을 T점수로 표준화하여 활용하였다. 이 검사의 문항 수는 국어과 30문항, 수학과 25문항이다. 이 평가에 참여한 초등학교 6학년 81명의 원점수를 기준으로 국어 성적의 평균은 73.54이고 표준편차는 16.67이었으며, 수학 성적의 평균은 68.99이고 표준편차는 20.83이었다. 이들을 대상으로 신뢰도를 산출한 결과, Cronbach a 계수는 국어가 .81, 수학이 .83이었다. 국가수준 학업성취도 평가의 교과별, 영역별 내용 및 문항 수는 다음 <표 Ⅳ-7>과 같다.

〈표 Ⅳ-7〉 국가수준 학업성취도 평가의 영역별 내용 및 문항 번호

교과	영역	측정 내용	문항 번호	
			선다형	서답형
국어	어휘 이해	○같은 뜻으로 쓰이는 낱말 알기 ○이어 주는 말 알기 ○문맥에 적절한 말 알기 ○관용표현 알기	2, 7, 8, 9, 11, 20, 22	2, 4, 5
	내용 확인	○글의 제목 알기 ○말하는 내용 확인하기	1, 4, 5, 6, 10, 13, 15,	7, 8
	내용 확인	○글의 주제 확인하기 ○글쓴이의 주장 알기 ○글의 짜임 파악하기	17	

교과	영역	측정 내용	문항 번호	
			선다형	서답형
국어	추리·추론	○ 이어질 내용 추론하기 ○ 글쓴이의 의도 파악하기 ○ 말하는 이의 의도 파악하기	16, 18, 19, 21	
	감상·평가	○ 감각적 표현 찾기 ○ 시의 특징 이해하기 ○ 글의 개요 짜기 ○ 주장에 대한 적절성 확인하기	3, 12, 14	3, 6
수학	수와 연산	○ 분수, 소수의 사칙연산 ○ 분수와 소수의 이해 ○ 분수와 소수의 혼합계산	1, 2, 7, 9, 18, 19	1
	도형	○ 각도 측정, 각의 관계에 대한 이해 ○ 평면도형의 이해 ○ 입체도형의 이해	3, 6, 8, 11, 20	2
	측정	○ 넓이와 겉넓이 구하기 ○ 부피 구하기 ○ 둘레 측정하기 ○ 반올림, 올림, 버림 하기 ○ 이상, 이하, 초과, 미만의 의미 알기	4, 10, 17	3
	확률과 통계	○ 비율 그래프, 꺾은선 그래프 ○ 평균 구하기 ○ 경우의 수와 확률 구하기	2, 14	4
	규칙성과 문제해결	○ 비교하는 양과 기준량의 관계 알기 ○ 비례식을 세워 문제 해결하기 ○ 문제해결을 위해 필요한 정보 찾기 ○ 문제해결 결과 검토하기	12, 13, 15, 16, 21	-

3. 실험설계

본 연구에서 사용한 실험 설계는 전후검사 통제집단 설계(pretest-posttest control group design)를 확장한 것이다. RSCP를 학업성취 상위집단인 실험집단 1에는 매주 화요일과 목요일 아침에 50분씩, 학업성취 하위집단인 실험집단 2에는 매주 수요일과 금요일 아침에 50분씩 각각 적용하였고, 통제집단에는 어떠한 처치도 하지 않았다. 프로그램 진행은 두 실험집단 모두 연구자가 직접 담당하였다. 본 연구의 실험설계는 다음 <표 Ⅳ-8>과 같다.

〈표 Ⅳ-8〉 실험 설계

구분	집단		사전검사		사후검사	추후검사
학업성취 상위집단	실험집단 1	R	O_1	×1	O_2	O_3
	통제집단 1	R	O_4		O_5	O_6
학업성취 하위집단	실험집단 2	R	O_7	×1	O_8	O_9
	통제집단 2	R	O_{10}		O_{11}	O_{12}

주(註). R: 무선배치, O: 측정, ×1: RSCP

4. 연구의 절차

본 연구는 연구의 방향설정, 프로그램 개발, 예비실험을 위한 사전검사, 예비실험, 예비실험 사후검사, 프로그램 수정 및 보완, 본 처치를 위한 사전검사, 본 프로그램 처치, 본 처치 사후검사, 본 처치 추후검사, 결과분석 순으로 이루어졌다. 본 연구의 구체적인 절차는 다음 <표 Ⅳ-9>와 같다.

〈표 Ⅳ-9〉 연구의 절차

절차 (일정)	내용
연구방향 설정 (2007. 9. 1~ 2007. 12. 31.)	○ 현실요법과 자기조절학습의 통합 가능성 탐색 ○ 연구대상 선정 ○ 프로그램의 구성 체계 확정
프로그램 개발 (2008. 1. 1~ 2008. 7. 5.)	○ 프로그램 내용 선정 − 동기조절 프로그램: 기본욕구 이해, 자기효능감, 목표설정, 성취가치 − 행동조절: 시간관리, 도움 구하기, 행동통제 − 인지 및 초인지조절: 읽기 학습 전략, 수학 문장제 해결 전략 ○ 예비실험 프로그램 개발: 총 18회기
예비실험을 위한 사전검사 (2008. 7. 6~ 2008. 7. 10.)	○ 사전검사 실시 − 자기조절학습 검사(정미경, 2002) − 학습태도검사(박경숙·이혜선, 1976) − 학업성취도 검사(학교의 6학년 1학기 말 학력평가)
연구대상 선정 (2008. 7. 11~ 2008. 8. 31.)	○ 연구대상 선정 − 실험집단 8명(남 4명, 여 4명) − 통제집단 8명(남 4명, 여 4명)
예비실험 (2008. 9. 1~ 2008. 11. 30, 매주 화요일, 금요일)	○ 실험집단을 대상으로 매주 화요일과 금요일 아침 50분씩, 총 18회기의 프로그램 운영 ○ 연구대상은 모두 교과학습 부진아임 ○ 연구자가 직접 예비실험 프로그램을 운영함

절차 (일정)	내용
예비실험 사후검사 (2008. 12. 3~ 2008. 12. 5.)	○사후검사 실시 –자기조절학습 검사(정미경, 2002) –학습태도검사(박경숙·이혜선, 1976) –학업성취도 검사(학교의 6학년 2학기 말 학력평가)
프로그램 수정 및 보완 (2008. 12. 6~ 2009. 2. 28.)	○예비실험 결과를 바탕으로 프로그램 수정 및 보완, 총 22회기로 구성 –동기조절 프로그램: 시작 프로그램과 정리 프로그램을 동기조절 프로그램에서 분리하고, 1회기를 추가하여 총 4회기로 구성 –행동조절 프로그램: 시간관리 1회기와 행동통제 1회기를 추가하여 총 6회기로 구성 –인지 및 초인지조절 프로그램: 수학 문장제 해결 전략 1회기를 추가하여 총 5회기로 하고 수준별 문제 보완, 읽기 학습 전략의 회기는 그대로 5회기로 하고 내용 정선 및 마지막 회기에 수준별 활동지 추가 –현실요법적인 내용 보완: 매 회기 현실요법적인 내용이 1/3~2/3 정도가 되게 편성 ○전문가 지도 조언, 총 2회 수용
본 처치 사전검사 (2009. 3. 27~ 2009. 3. 31.)	○ 본 처치를 위한 사전검사 실시 –성취동기검사(연구자가 재구성한 도구) –학습습관검사(박경숙·이혜선, 1976) –학업성취도 검사(2009년 국가수준 교과학습 진단평가)
연구대상 선정 (2009. 4. 1~ 2009. 4. 5.)	○ 연구대상 선정 –학업성취 상위 실험집단: 12명(남 6명, 여 6명) –학업성취 상위 통제집단: 12명(남 6명, 여 6명) –학업성취 하위 실험집단: 12명(남 6명, 여 6명) –학업성취 하위 통제집단: 12명(남 6명, 여 6명)
본 처치 (2009. 4. 6~ 2009. 7. 5, 실험집단별 주 2회씩)	○학업성취 상위 실험집단은 매주 화요일과 목요일 아침에 50분씩, 학업성취 하위 실험집단은 매주 수요일과 금요일 아침에 50분씩 프로그램 운영 ○연구자가 직접 본 처치 프로그램을 운영함
본 처치 사후검사 (2009. 7. 6~ 2009. 7. 8.)	○본 처치 사후검사 실시 –성취동기검사(연구자가 재구성한 도구) –학습습관검사(박경숙·이혜선, 1976) –학업성취도 검사(학교의 6학년 1학기 말 학력평가)
본 처치 추후검사 (2009. 10. 12~ 2009. 10. 15.)	○본 처치 추후검사 실시 –성취동기검사(연구자가 재구성한 도구) –학습습관검사(박경숙·이혜선, 1976) –학업성취도 검사(2009년 국가수준 학업성취도 평가)
결과분석 (2009. 10. 16~ 2009. 10. 31.)	○RSCP가 성취동기, 학습습관, 학업성취에 미친 효과 분석

5. 자료 분석 방법

본 연구의 통계분석은 SPSS 13.0판을 이용하여 수행하였으며, 통계처리는 t검정과 공변량 분석(ANCOVA)을 활용하였다. 본 연구에서는 표본 수가 적은 편이기 때문에 t검정을 실행하기 전에 정규성 가정을, 공변량 분석(ANCOVA)을 실행하기 전에 정규성 가정과 등분산 가정을 검토할 필요가 있었다. 검토 결과, 이들 선행 조건들을 모두 충족시키는 것으로 나타났다(부록 5 참조). 그러므로 우선 집단 간의 동질성을 검증하기 위하여 사전검사 점수로 t검정을 실시하였다. 사후검사와 추후검사의 결과분석에서는 사전에 실시한 동질성 검사 결과에 유의미한 차이가 없을 경우에는 t검정을 실시하였으며, 유의미한 차이가 있는 경우에는 공변량 분석(ANCOVA)을 실시하였다. 연구가설별로 적용한 통계처리 방법은 다음과 같다.

첫째, 연구가설 1-1, 1-2, 1-3, 2-1, 2-2, 2-3, 3-1은 사전 동질성 검사에서 유의미한 차이를 나타내지 않았으므로 t검정으로 결과를 검증하였다.

둘째, 연구가설 3-2는 사전 동질성 검사 결과, 국어 성취도는 유의미한 차이가 없었으나 수학 성취도는 의미 있는 차이를 나타냈다. 그러므로 국어 성취도는 t검정을 실시하였고, 수학 성취도는 공변량 분석(ANCOVA)을 통하여 결과를 검증하였다.

셋째, 연구가설 3-3은 사전 동질성 검사 결과, 국어와 수학 성취도 모두 집단 간에 유의미한 차이가 있었으므로 공변량 분석(ANCOVA)을 실시하였다.

Chapter 05

효과 검증 결과

1. 결과의 분석

1) 성취동기에 미친 RSCP의 영향

(1) 학업성취 상위집단 간 성취동기 비교

본 연구의 '가설 1'에서 'RSCP가 초등학생의 성취동기 변화에 긍정적인 영향을 미칠 것이다'라고 가정하였다. 이를 검증하기 위하여 세부 가설로 설정한 '가설 1-1'에서는 'RSCP에 참가한 학업성취 상위 실험집단 아동들이 통제집단의 아동들보다 성취동기가 유의미하게 향상될 것이다'라고 가정하였다. 이와 같은 '가설 1-1'을 검증하기 위하여 t검정을 실시하였다. 사전, 사후, 추후검사 점수를 토대로 두 집단 간의 평균과 표준편차 그리고 평균 차이를 검증한 결과는 <표 Ⅴ-1>과 같다.

〈표 Ⅴ-1〉 학업성취 상위집단 간 성취동기 비교

검사	집단	N	M	SD	t	p
사전검사	실험집단1	12	77.17	8.08	1.67	.110
	통제집단1	12	71.67	8.09		
사후검사	실험집단1	12	80.17	7.63	2.35[*]	.028
	통제집단1	12	72.42	8.48		
추후검사	실험집단1	12	79.08	6.05	2.28[*]	.032
	통제집단1	12	71.92	9.02		

*p<.05

<표 Ⅴ-1>에 나타난 바와 같이, 사전 성취동기 검사에서는 실험집단 1의 성취동기 평균점수가 77.17이고 통제집단 1의 평균점수는 71.67로서 두 집단 간의 t값은 1.67, 유의도(p)는 .110이므로 실험집단 1과 통제집단 1 간에 통계적으로 의미 있는 차이가 없었다. 그러나 본 연구의 프로그램을 적용한 후 성취동기 변화 정도를 알아보기 위하여 사후검사를 실시해 본 결과, <표 Ⅴ-1>에 제시한 바와 같이 실험집단 1은 평균점수가 80.17이고, 통제집단 1의 평균점수는 72.42로 나타났으며, 이 두 집단 간의 t값은 2.35로서 $p<.05$ 수준에서 통계적으로 유의미한 차이를 보이고 있다. 사후검사에서 나타난 변화가 지속되는지 알아보기 위하여 성취동기 추후검사를 실시해 본 결과, <표 Ⅴ-1>에 제시된 바와 같이 실험집단 1은 평균점수가 79.08이고, 통제집단 1의 평균점수는 71.92이며, 이 두 집단 간의 t값은 2.38로서 $p<.05$ 수준에서 여전히 통계적으로 유의미한 차이를 보이고 있다.

이상에서 살펴본 바와 같이, 사후검사와 추후검사에서 실험집단 1이 통제집단 1보다 성취동기 평균 점수에서 사전, 사후검사 모두 $p<.05$ 수준의 유의미한 차이를 나타냈으므로 '가설 1-1'은 수용되었다. 즉 실험집단 1이 통제집단 1보다 성취동기가 유의미하게 향상된 것이다.

학업성취 상위집단인 실험집단 1과 통제집단 1의 성취동기 변화추이를 알아보기 위해 사전, 사후, 추후검사 점수를 그래프로 나타내면 [그림 Ⅴ-1]과 같다.

[그림 Ⅴ-1]에 나타난 바와 같이, 학업성취 상위집단인 실험집단 1의 성취동기 사후검사 평균점수는 80.17로 사전검사 평균점수($M=77.17$)보다 3.00이 향상되었고, 추후검사 평균점수는 79.08로 사전검사 평균점수보다 1.91이 향상되었다. 반면에 통제집단 1의 사후검사 평균점수는 72.42로 사전검사 평균점수($M=71.67$)보다 0.75 상승하는 데 그쳤고, 추후검사 평균점수는 71.92로 사전검사 점수보다 0.25 향상하는 데 그쳤다. 두 집단 간 평균 점수의 차이가 사후검사에서는 7.75이었고, 추후검사에서는 7.16으로 비슷한 수준을 유지하고 있다.

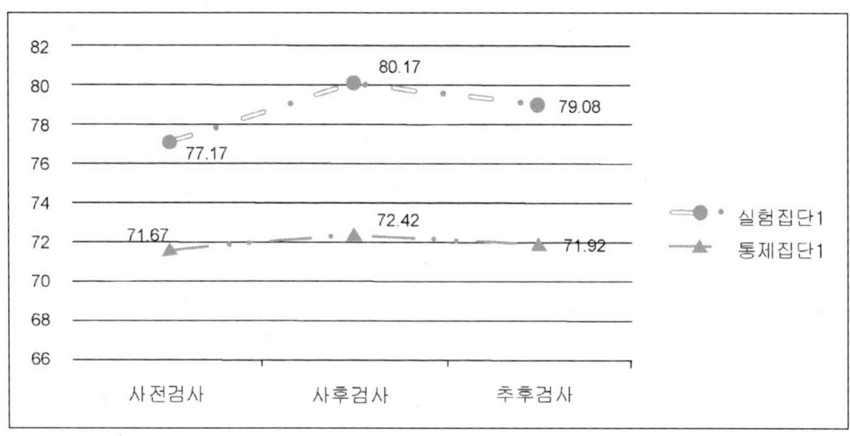

[**그림** Ⅴ-1] 학업성취 상위집단 간 성취동기 점수 비교

(2) 학업성취 하위집단 간 성취동기 비교

본 연구의 세부 가설로 설정한 '가설 1-2'에서는 'RSCP에 참가한 학업성취 하위 실험집단 아동들이 통제집단의 아동들보다 성취동기가 유의미하게 향상될 것이다'라고 가정하였다. 이와 같은 '가설 1-2'를 검증하기 위하여 t검정을 실시하였다. 사전, 사후, 추후검사 점수를 토대로 이들 두 집단 간의 평균과 표준편차 그리고 평균 차이를 검증한 결과는 <표 Ⅴ-2>와 같다

〈**표** Ⅴ-2〉 학업성취 하위집단 간 성취동기 비교

검사	집단	N	M	SD	t	p
사전검사	실험집단2	12	70.83	7.93	1.07	.293
	통제집단2	12	73.75	5.01		
사후검사	실험집단2	12	76.67	6.00	2.53[*]	.019
	통제집단2	12	70.92	5.14		
추후검사	실험집단2	12	76.83	6.10	2.30[*]	.031
	통제집단2	12	71.67	4.81		

*p<.05

<표 Ⅴ-2>에 나타난 바와 같이, 사전 성취동기 검사에서 실험집단 2의 성취동기 평균점수가 70.83이고 통제집단 2의 평균점수가 73.75로서 두 집단 간의 t값은 1.07, 유의도(p)는 .293이므로 실험집단 2와 통제집단 2 간에는 통계적으로 의미

있는 차이가 없었다. 그러나 본 연구의 프로그램을 적용한 후 성취동기 변화 정도를 알아보기 위하여 사후검사를 실시해 본 결과, <표 Ⅴ-2>에서 제시된 바와 같이 실험집단 2의 성취동기 평균점수는 76.67이고, 통제집단 2는 평균점수가 70.92로 나타났으며, 이 두 집단 간의 t값은 2.53으로서 $p<.05$ 수준에서 통계적으로 유의미한 차이를 보이고 있다. 사후검사에서 나타난 변화가 지속되는지 알아보기 위하여 성취동기 추후검사를 실시해 본 결과, <표 Ⅴ-2>에 나타난 바와 같이 실험집단 2는 평균점수가 76.83이고, 통제집단 2의 평균점수는 71.67이며, 이 두 집단 간의 t값은 2.30으로서 $p<.05$ 수준에서 통계적으로 유의미한 차이를 보이고 있다.

이상에서 살펴본 바와 같이, 사후검사와 추후검사에서 실험집단 2가 통제집단 2보다 성취동기 평균점수에서 사전, 사후검사 모두 $p<.05$ 수준에서 유의미한 차이를 나타냈으므로 '가설 1-2'는 수용되었다. 즉 실험집단 2가 통제집단 2보다 성취동기가 유의미하게 향상된 것이다.

학업성취 하위집단인 실험집단 2와 통제집단 2의 성취동기 변화추이를 알아보기 위해 사전, 사후, 추후검사 점수를 그래프로 나타내면 [그림 Ⅴ-2]와 같다.

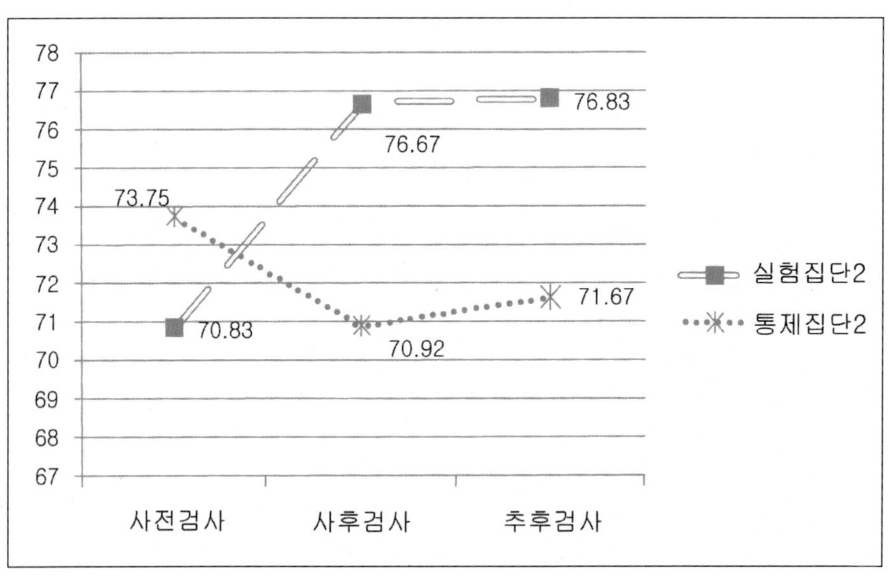

[그림 Ⅴ-2] 학업성취 하위집단 간 성취동기 점수 비교

[그림 Ⅴ-2]에 나타난 바와 같이, 학업성취 하위집단인 실험집단 2의 성취동기 사후검사 평균점수는 76.67로 사전검사 평균점수($M=70.83$)보다 5.84가 향상되었고, 추후검사 평균점수는 76.83으로 사전검사 평균점수보다 6.00이 향상되었다. 반면에 통제집단 2의 사후검사 평균점수는 70.92로 사전검사 평균점수($M=73.75$)보다 2.83이 하락하였고, 추후검사 평균점수도 71.67로 사전검사 점수보다 2.08이 하락하였다. 두 집단 간 평균 점수의 차이가 사후검사에서는 5.75이었고, 추후검사의 차이는 5.16으로 비슷한 수준을 유지하고 있다.

(3) 학업성취 상, 하위 실험집단 간 성취동기 비교

본 연구의 세부 가설로 설정한 '가설 1-3'에서는 'RSCP 처치 후의 성취동기 점수는 학업성취수준이 다른 실험집단 간에 유의미한 차이가 있을 것이다'라고 가정하였다. 이와 같은 '가설 1-3'을 검증하기 위하여 t검정을 실시하였다. 사전, 사후, 추후검사 점수를 토대로 실험집단 1과 실험집단 2 간의 평균과 표준편차 그리고 평균 차이를 검증한 결과는 <표 Ⅴ-3>과 같다.

<표 Ⅴ-3> 학업성취 상, 하위 실험집단 간 성취동기 비교

검사	집단	N	M	SD	t	p
사전검사	실험집단1	12	77.17	8.08	1.94	.066
	실험집단2	12	70.83	7.93		
사후검사	실험집단1	12	80.17	7.63	1.25	.224
	실험집단2	12	76.67	5.98		
추후검사	실험집단1	12	79.08	6.05	.91	.374
	실험집단2	12	76.83	6.10		

<표 Ⅴ-3>에 나타난 바와 같이, 사전 성취동기 검사에서 실험집단 1의 성취동기 평균점수는 77.17이고 실험집단 2의 평균점수가 70.83으로서 두 집단 간의 t값은 1.94, 유의도(p)는 .066으로 $p<.05$ 수준에 근접하나 유의미한 차이는 없었다. 본 연구의 프로그램을 적용한 후 성취동기 변화 정도를 알아보기 위하여 사후검사를 실시해 본 결과, <표 Ⅴ-3>에 제시된 바와 같이 실험집단 1은 평균점수가

80.17이고, 실험집단 2의 평균점수는 76.67로 나타났으며, 이 두 집단 간의 t값은 1.25, 유의도(p)는 .224로서 통계적으로 유의미한 차이를 보이지 않았다. 추후검사에서도 실험집단 1의 평균점수는 79.08이고, 실험집단 2의 평균점수는 76.83이며, 이 두 집단 간의 t값은 .91, 유의도(p)는 .374로서 유의미한 차이가 없었다.

이상과 같이 학업성취 상위집단인 실험집단 1과 하위집단인 실험집단 2는 성취동기 사후검사와 추후검사에서 모두 유의미한 차이를 나타내지 않았다. 그러므로 '가설 1-3'은 기각되었다.

학업성취 상위집단인 실험집단 1과 하위집단인 실험집단 2의 성취동기 변화추이를 알아보기 위하여 사전, 사후, 추후검사 점수를 그래프로 나타내면 [그림 Ⅴ-3]과 같다.

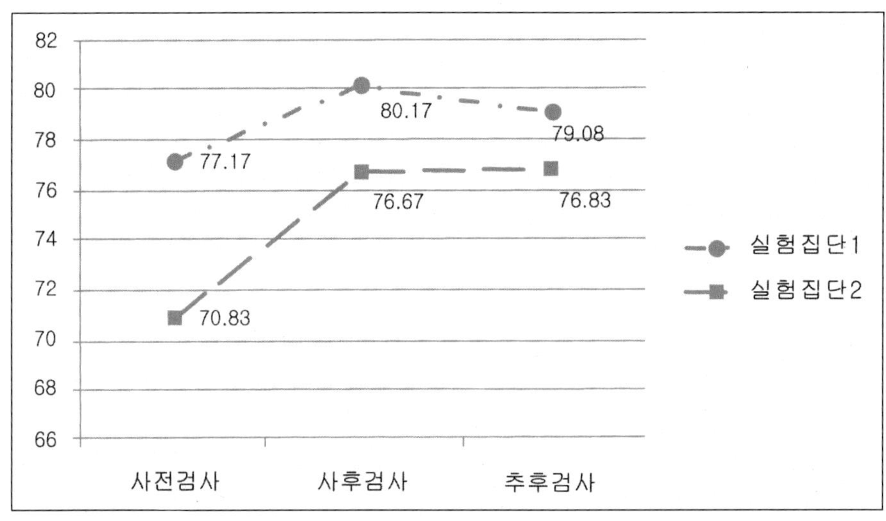

[그림 Ⅴ-3] 학업성취 상, 하위집단 간 성취동기 점수비교

[그림 Ⅴ-3]에 나타난 바와 같이, 학업성취 상위집단인 실험집단 1의 성취동기 사후검사 평균점수는 80.17로 사전검사 평균점수($M=77.17$)보다 3.00이 향상되었고, 추후검사 평균점수는 79.08로 사전검사 평균점수보다 1.91이 향상되었다. 반면에 실험집단 2의 사후검사 평균점수는 76.67로 사전검사 평균점수($M=70.83$)보다 5.84가 상승하였고, 추후검사 평균점수는 76.83으로 사전검사 점수보다 6.00이

향상되었다. 두 집단 간 평균점수의 차이가 사후검사에서는 3.50이었고, 추후검사
에서는 2.25로 시간이 흐를수록 두 집단 간의 점수 차이가 줄어들고 있다.

(4) 전체 실험집단과 전체 통제집단 간 성취동기 비교

본 연구의 세부 가설로 설정한 '가설 1-1'과 '가설 1-2'의 추가적인 지지를
얻기 위하여 전체 실험집단과 전체 통제집단의 성취동기 검사점수에 대하여 t검
정을 실시하였다. 사전, 사후, 추후검사 점수를 토대로 두 집단 간의 평균과 표준
편차 그리고 평균 차이를 검증한 결과는 <표 Ⅴ-4>와 같다.

〈표 Ⅴ-4〉 전체 실험집단과 전체 통제집단 간 성취동기 비교

검사	집단	N	M	SD	t	p
사전검사	실험집단 1, 2	24	74.00	8.47	.59	.560
	통제집단 1, 2	24	72.71	6.67		
사후검사	실험집단1, 2	24	78.42	6.93	3.38***	.001
	통제집단1, 2	24	71.67	6.90		
추후검사	실험집단1, 2	24	77.96	6.05	3.25**	.002
	통제집단1, 2	24	71.79	7.07		

**p<.01. ***p<.001

<표 Ⅴ-4>를 살펴보면, 전체 실험집단의 성취동기 사전검사 평균점수가
74.00이고 전체 통제집단의 사전검사 평균점수는 72.71로서 두 집단 간의 t값은
.59, 유의도(p)는 .560이므로 전체 실험집단과 전체 통제집단 간에는 통계적으로
의미 있는 차이가 없었다. 그러나 본 연구의 프로그램을 적용한 후 성취동기 변화
정도를 알아보기 위하여 사후검사를 실시해 본 결과, <표 Ⅴ-4>에 제시한 바와
같이 전체 실험집단의 성취동기 평균점수는 78.42이고, 전체 통제집단의 평균점
수는 71.67로 나타났으며, 이 두 집단 간의 t값은 3.38로서 p<.001 수준에서 통계
적으로 유의미한 차이를 보이고 있다. 사후검사에서 나타난 변화가 지속되는지
알아보기 위하여 성취동기 추후검사를 실시해 본 결과, <표 Ⅴ-4>에 나타난 바
와 같이 전체 실험집단은 평균점수가 77.96이고, 전체 통제집단의 평균점수는
71.79이며, 이 두 집단 간의 t값은 3.25, 유의도(p)는 .002로서 p<.01 수준에서 통계

적으로 유의미한 차이를 보이고 있다.

　이상과 같이 전체 실험집단과 전체 통제집단은 성취동기 사후검사와 추후검사에서 모두 유의미한 차이를 나타냈다. 그러므로 이러한 결과가 실험집단 아동들이 통제집단 아동들보다 성취동기가 유의미하게 향상될 것이라는 본 연구의 '가설 1-1'과 '가설 1-2'를 지지한다.

　전체 실험집단과 전체 통제집단의 성취동기 변화추이를 알아보기 위해 사전, 사후, 추후검사 점수를 그래프로 나타내면 [그림 Ⅴ-4]와 같다.

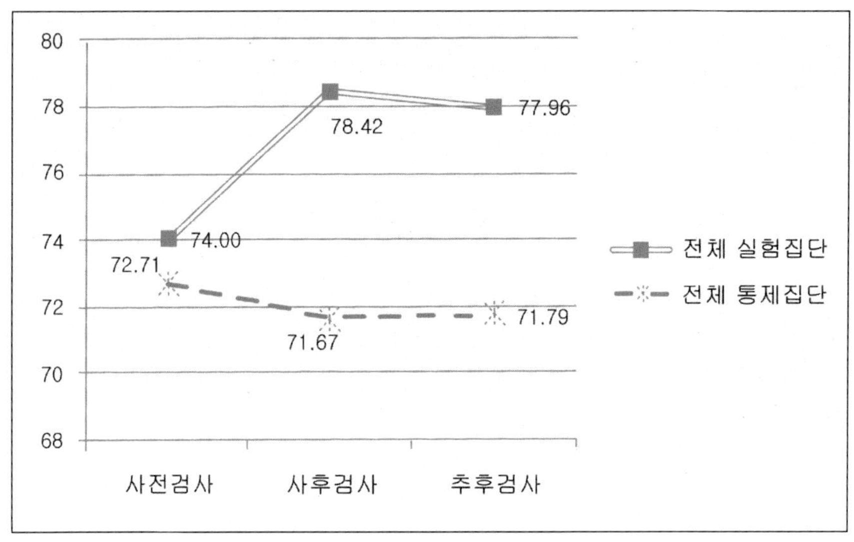

[그림 Ⅴ-4] 전체 실험집단과 전체 통제집단 간 성취동기 점수 비교

　[그림 Ⅴ-4]에 나타난 바와 같이, 전체 실험집단의 성취동기 사후검사 평균점수는 78.42로 사전검사 평균점수($M=74.00$)보다 4.42가 향상되었고, 추후검사 평균점수는 77.96으로 사전검사 평균점수보다 3.96이 향상되었다. 반면에 전체 통제집단의 사후검사 평균점수는 71.67로 사전검사 평균점수($M=72.71$)보다 1.04가 하락하였고, 추후검사 평균점수도 71.79로 사전검사 점수보다 0.92가 하락하였다. 두 집단 간 평균 점수의 차이가 사후검사에서는 6.75였고, 추후검사에서는 6.17로 비슷한 수준을 유지하고 있다.

2) 학습습관에 미친 RSCP의 영향

(1) 학업성취 상위집단 간 학습습관 비교

본 연구의 '가설 2'에서는 'RSCP가 초등학생의 학습습관 변화에 긍정적인 영향을 미칠 것이다'라고 가정하였다. 이를 검증하기 위하여 세부 가설로 설정한 '가설 2-1'에서는 'RSCP에 참가한 학업성취 상위 실험집단 아동들이 통제집단의 아동들보다 학습습관이 유의미하게 개선될 것이다'라고 가정하였다. 이와 같은 '가설 2-1'을 검증하기 위하여 t검정을 실시하였다. 사전, 사후, 추후검사 점수를 토대로 이들 두 집단 간의 평균과 표준편차 그리고 평균 차이를 검증한 결과는 <표 V-5>와 같다.

〈표 V-5〉 학업성취 상위집단 간 학습습관 비교

검사	집단	N	M	SD	t	p
사전검사	실험집단1	12	115.00	21.35	1.28	.214
	통제집단1	12	105.33	15.13		
사후검사	실험집단1	12	121.42	20.43	2.97**	.007
	통제집단1	12	100.42	13.53		
추후검사	실험집단1	12	122.17	15.27	2.88**	.009
	통제집단1	12	102.92	17.41		

**p<.01

<표 V-5>에 나타난 것과 같이, 사전 학습습관 검사에서 실험집단 1의 학습습관 평균점수가 115.00이고 통제집단 1의 평균점수가 105.33으로서 두 집단 간의 t값은 1.28, 유의도(p)는 .214이므로 실험집단 1과 통제집단 1 간에 통계적으로 의미 있는 차이가 없었다. 그러나 본 연구의 프로그램을 적용한 후 학습습관 변화 정도를 알아보기 위하여 사후검사를 실시해 본 결과, <표 V-5>에 제시한 바와 같이 실험집단 1은 평균점수가 121.42이고, 통제집단 1의 평균점수는 100.42로 나타났으며, 이 두 집단 간의 t값은 2.97로서 p<.01 수준에서 통계적으로 유의미한 차이를 보이고 있다. 사후검사에서 나타난 변화가 지속되는지 알아보기 위하여 학습습관 추후검사를 실시해 본 결과, <표 V-5>에 나타난 바와 같이 실험집단

1은 평균점수가 122.17이고, 통제집단 1의 평균점수는 102.92이며, 이 두 집단 간의 t값은 2.88로서 $p<.01$ 수준에서 여전히 통계적으로 유의미한 차이를 보이고 있다.

이상과 같이 사전검사에서는 차이를 보이지 않았던 실험집단 1과 통제집단 1 간의 학습습관 평균점수가 사후검사와 추후검사에서 모두 $p<.01$ 수준에서 유의미한 차이를 보였으므로 '가설 2-1'은 수용되었다. 즉 실험집단 1이 통제집단 1보다 학습습관이 유의미하게 개선된 것이다.

학업성취 상위집단인 실험집단 1과 통제집단 1의 학습습관 변화추이를 알아보기 위해 사전, 사후, 추후검사 점수를 그래프로 나타내면 [그림 Ⅴ-5]와 같다.

[그림 Ⅴ-5]에 나타난 바와 같이, 학업성취 상위집단인 실험집단 1의 학습습관 사후검사 평균점수는 121.42로 사전검사 평균점수($M=115.00$)보다 6.42가 향상되었고, 추후검사 평균점수는 122.17로 사전검사 평균점수보다 7.17이 향상되었다. 반면에 통제집단 1의 사후검사 평균점수는 100.42로 사전검사 평균점수($M=105.33$)보다 4.91이 하락하였고, 추후검사 평균점수도 102.92로 사전검사 점수보다 2.41이 하락하였다. 두 집단 간 평균 점수의 차이가 사후검사에서는 21.00이었고, 추후검사에서는 19.25로 비슷한 수준을 유지하고 있다.

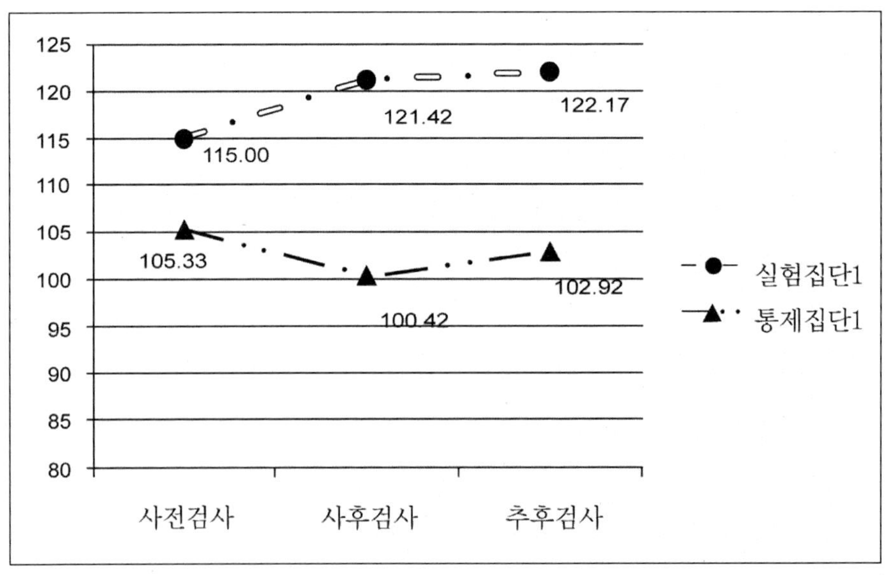

[그림 Ⅴ-5] 학업성취 상위집단 간 학습습관 점수 비교

(2) 학업성취 하위집단 간 학습습관 비교

본 연구의 세부 가설로 설정한 '가설 2-2'에서는 'RSCP에 참가한 학업성취 하위 실험집단 아동들이 통제집단의 아동들보다 학습습관이 유의미하게 개선될 것이다'라고 가정하였다. 이와 같은 '가설 2-2'를 검증하기 위하여 t검정을 실시하였다. 사전, 사후, 추후검사 점수를 토대로 이들 두 집단 간의 평균과 표준편차 그리고 평균 차이를 검증한 결과는 <표 Ⅴ-6>과 같다.

〈표 Ⅴ-6〉 학업성취 하위집단 간 학습습관 비교

검사	집단	N	M	SD	t	p
사전검사	실험집단2	12	98.58	17.49	.38	.706
	통제집단2	12	100.92	11.94		
사후검사	실험집단2	12	108.25	16.43	2.32[*]	.030
	통제집단2	12	93.08	15.55		
추후검사	실험집단2	12	106.42	16.27	2.23[*]	.036
	통제집단2	12	92.33	14.61		

$*p<.05$

<표 Ⅴ-6>에 나타난 바와 같이, 학습습관 사전검사에서 실험집단 2의 학습습관 평균점수가 98.58이고 통제집단 2의 평균점수가 100.92로서 두 집단 간의 t값은 .38, 유의도(p)는 .706이므로 실험집단 2와 통제집단 2 간에는 통계적으로 의미 있는 차이가 없었다. 그러나 본 연구의 프로그램을 적용한 후 학습습관 변화 정도를 알아보기 위하여 사후검사를 실시해 본 결과, <표 Ⅴ-6>에 제시한 바와 같이 실험집단 2의 학습습관 평균점수는 108.25이고, 통제집단 2는 평균점수가 93.08로 나타났으며, 이 두 집단 간의 t값은 2.32로서 $p<.05$ 수준에서 통계적으로 유의미한 차이를 보이고 있다. 사후검사에서 나타난 변화가 지속되는지 알아보기 위하여 학습습관 추후검사를 실시해 본 결과, <표 Ⅴ-6>에 나타난 바와 같이 실험집단 2는 평균점수가 106.42이고, 통제집단 2의 평균점수는 92.33이며, 이 두 집단 간의 t값은 2.23으로서 $p<.05$ 수준에서 통계적으로 유의미한 차이를 보이고 있다.

이상에서 살펴본 바와 같이, 실험집단 2와 통제집단 2는 사후검사와 추후검사에서 모두 $p<.05$ 수준에서 유의미한 차이를 나타냈으므로 '가설 2-2'는 수용되었다. 즉 실험집단 2가 통제집단 2보다 학습습관이 유의미하게 개선된 것이다.

학업성취 하위집단인 실험집단 2와 통제집단 2의 학습습관 변화추이를 알아보기 위해 사전, 사후, 추후검사 점수를 그래프로 나타내면 [그림 Ⅴ-6]과 같다.

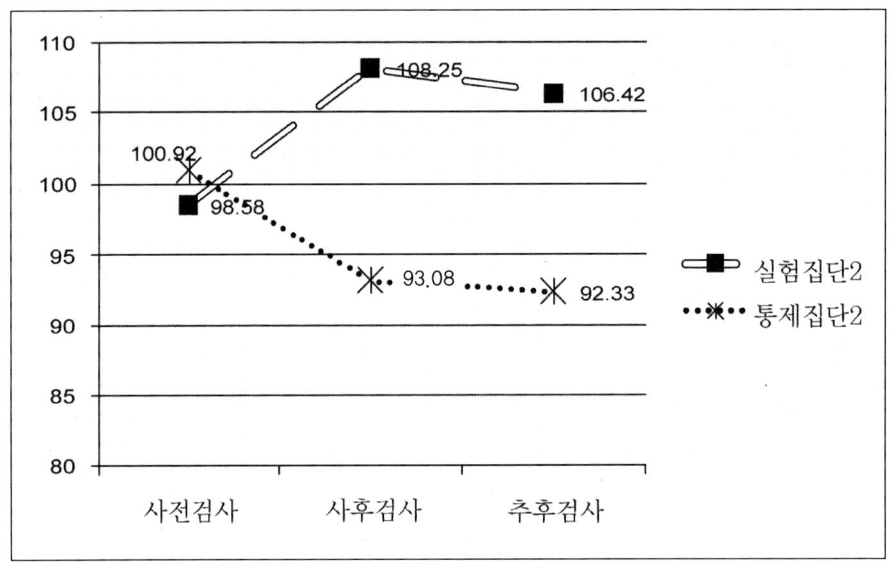

[**그림** Ⅴ-6] 학업성취 하위집단 간 학습습관 점수 비교

[그림 Ⅴ-6]에 나타난 바와 같이, 학업성취 하위집단인 실험집단 2의 학습습관 사후검사 평균점수는 108.25로 사전검사 평균점수($M=98.58$)보다 9.67이 향상되었고, 추후검사 평균점수는 106.42로 사전검사 평균점수보다 7.84가 향상되었다. 반면에 통제집단 2의 사후검사 평균점수는 93.08로 사전검사 평균점수($M=100.92$)보다 7.84가 하락하였고, 추후검사 평균점수도 92.33으로 사전검사 점수보다 8.59가 하락하였다. 두 집단 간 평균 점수의 차이가 사후검사에서는 15.17이었고, 추후검사에서는 14.09로 비슷한 수준을 유지하고 있다.

(3) 학업성취 상, 하위 실험집단 간 학습습관 비교

본 연구의 세부 가설로 설정한 '가설 2-3'에서는 'RSCP 실시 후의 학습습관 점수는 학업성취수준이 다른 집단 간에 유의미한 차이가 있을 것이다'라고 가정하였다. 이와 같은 '가설 2-3'을 검증하기 위하여 t검정을 실시하였다. 사전, 사후, 추후검사 점수를 토대로 실험집단 1과 실험집단 2 간의 평균과 표준편차 그리고 평균 차이를 검증한 결과는 <표 V-7>과 같다

〈표 V-7〉 학업성취 상, 하위 실험집단 간 학습습관 비교

영역	집단	N	M	SD	t	p
사전검사	실험집단1	12	115.00	21.35	2.06	.051
	실험집단2	12	100.92	11.94		
사후검사	실험집단1	12	121.42	20.42	1.74	.096
	실험집단2	12	108.25	16.43		
추후검사	실험집단1	12	122.17	15.27	2.45*	.023
	실험집단2	12	106.42	16.27		

*p<.05

<표 V-7>에 나타난 바와 같이, 학습습관 사전검사에서 실험집단 1의 학습습관 평균점수는 115.00이고 실험집단 2의 평균점수가 100.92로서 두 집단 간의 t값은 2.06, 유의도(p)는 .051로 p<.05 수준에 매우 근접하나 유의미한 차이라고는 말할 수는 없다. 본 연구의 프로그램을 적용한 후 학습습관 변화 정도를 알아보기 위하여 사후검사를 실시해 본 결과, <표 V-7>에 제시한 바와 같이 실험집단 1은 평균점수가 121.42이고, 실험집단 2의 평균점수는 108.25로 나타났으며, 이 두 집단 간의 t값은 1.74, 유의도(p)는 .096으로서 사전검사에서와 마찬가지로 유의미한 차이를 나타내지는 않았다. 그러나 추후검사에서는 실험집단 1의 평균점수가 122.17이고, 실험집단 2의 평균점수는 106.42이며, 이 두 집단 간의 t값은 2.45, 유의도(p)는 .023으로서 p<.05 수준에서 유의미한 차이를 나타냈다.

이상에서 살펴본 바와 같이, 학업성취 상위집단인 실험집단 1과 하위집단인 실험집단 2 간의 학습습관 평균점수는 사후검사에서는 유의미한 차이를 나타내지 않았지만, 추후검사에서는 p<.05 수준에서 유의미한 차이를 나타냈다. 그러므로

'가설 2-3'은 수용되었다. 즉 본 연구의 프로그램은 학업성취 하위집단의 아동들보다는 학업성취 상위집단 아동들의 학습습관 개선에 더 효과적인 것으로 나타났다.

학업성취 상위집단인 실험집단 1과 실험집단 2의 학습습관 변화추이를 알아보기 위해 사전, 사후, 추후검사 점수를 그래프로 나타내면 [그림 V-7]과 같다.

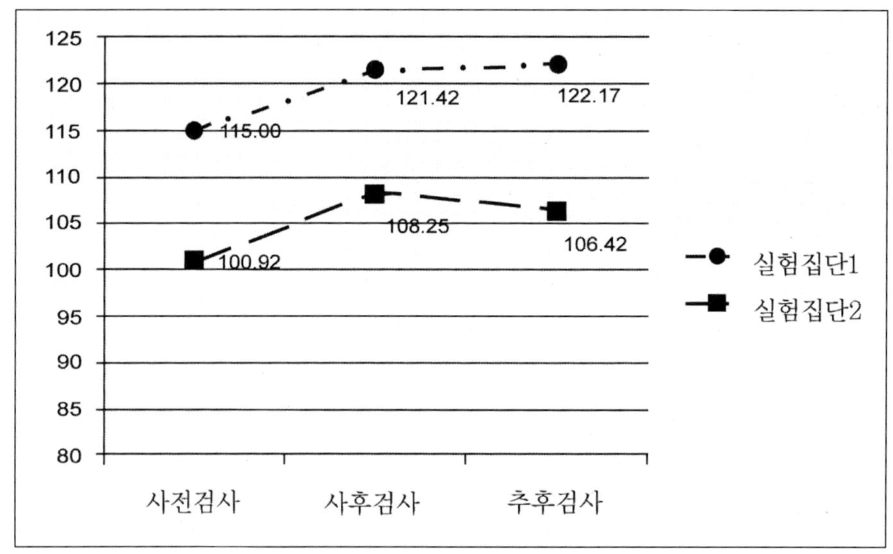

[**그림** V-7] 학업성취 상·하위집단 간 학습습관 점수 비교

[그림 V-7]에 나타난 바와 같이, 학업성취 상위집단인 실험집단 1의 학습습관 사후검사 평균점수는 121.42로 사전검사 평균점수($M=115.00$)보다 6.42가 향상되었고, 추후검사 평균점수는 122.17로 사전검사 평균점수보다 7.17이 향상되었다. 반면에 실험집단 2의 사후검사 평균점수는 108.25로 사전검사 평균점수($M=100.92$)보다 7.33이 상승하였고, 추후검사 평균점수는 106.42로 사전검사 점수보다 5.50이 향상되었다. 두 집단 간 평균 점수의 차이가 사후검사에서는 13.17이었고, 추후검사에서는 15.75로 시간이 지날수록 더 커지는 것으로 나타났다.

(4) 전체 실험집단과 전체 통제집단 간 학습습관 비교

본 연구의 세부 가설로 설정한 '가설 2-1'과 '가설 2-2'의 추가적인 지지를 얻기 위하여 전체 실험집단과 전체 통제집단의 학습습관 검사점수에 대하여 t검정을 실시하였다. 사전, 사후, 추후검사 점수를 토대로 이들 두 집단 간의 평균과 표준편차 그리고 평균 차이를 검증한 결과는 <표 Ⅴ-8>과 같다.

〈표 Ⅴ-8〉 전체 실험집단과 전체 통제집단 간 학습습관 비교

검사	집단	N	M	SD	t	p
사전검사	실험집단1, 2	24	106.79	20.84	.72	.473
	통제집단1, 2	24	103.13	13.52		
사후검사	실험집단1, 2	24	114.83	19.34	3.64***	.001
	통제집단1, 2	24	96.75	14.74		
추후검사	실험집단1, 2	24	114.29	17.40	3.39***	.001
	통제집단1, 2	24	97.63	16.62		

***p<.001

<표 Ⅴ-8>을 살펴보면, 전체 실험집단의 학습습관 사전검사 평균점수가 106.79이고 전체 통제집단의 사전검사 평균점수는 103.13으로서 두 집단 간의 t값은 .72, 유의도(p)는 .473이므로 전체 실험집단과 전체 통제집단 간에는 통계적으로 의미 있는 차이가 없었다. 그러나 본 연구의 프로그램을 적용한 후 학습습관의 변화 정도를 알아보기 위하여 사후검사를 실시한 결과, <표 Ⅴ-8>에 제시한 바와 같이 전체 실험집단의 학습습관 평균점수는 114.83이고, 전체 통제집단의 평균점수는 96.75로 나타났으며, 이 두 집단 간의 t값은 3.64로서 p<.001 수준에서 통계적으로 유의미한 차이를 보이고 있다. 사후검사에서 나타난 변화가 지속되는지 알아보기 위하여 학습습관 추후검사를 실시해 본 결과, <표 Ⅴ-8>에 나타난 바와 같이 전체 실험집단은 평균점수가 114.29이고, 전체 통제집단의 평균점수는 97.63이며, 이 두 집단 간의 t값은 3.39, 유의도(p)는 .001로서 p<.001 수준에서 통계적으로 유의미한 차이를 보이고 있다.

이상과 같이 학습습관에 있어서 전체 실험집단과 전체 통제집단 간의 유의미한 차이 정도는 사전검사와 사후검사에서 모두 p<.001 수준에서 나타났다. 그러므로 이러한 결과는 실험집단 아동들이 통제집단 아동들보다 학습습관이 유의미하게 향상될 것이라는 본 연구의 '가설 2-1'과 '가설 2-2'를 지지한다.

전체 실험집단과 전체 통제집단의 학습습관 변화추이를 알아보기 위해 사전,
사후, 추후검사 점수를 그래프로 나타내면 [그림 Ⅴ-8]과 같다.

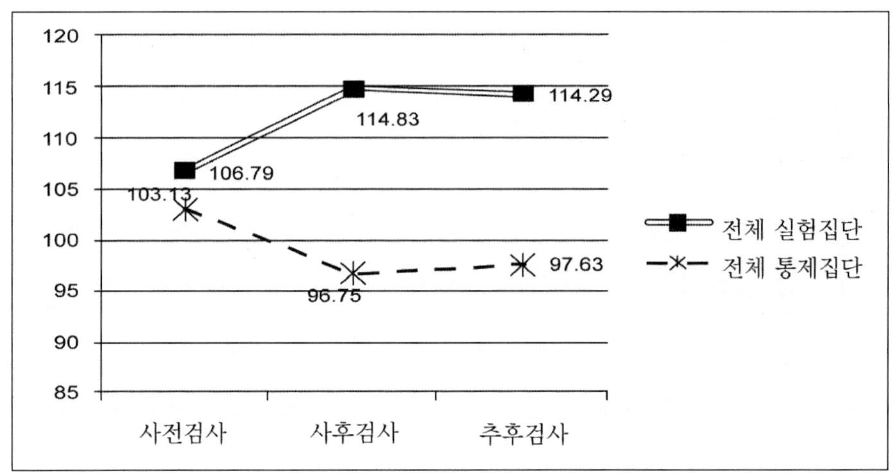

[그림 Ⅴ-8] 전체 실험집단과 전체 통제집단 간 학습습관 점수 비교

[그림 Ⅴ-8]에 나타난 바와 같이, 전체 실험집단의 학습습관 사후검사 평균점
수는 114.83으로 사전검사 평균점수($M=106.79$)보다 8.04가 향상되었고, 추후검사
평균점수는 114.29로 사전검사 평균점수보다 7.50이 향상되었다. 반면에 전체 통
제집단의 사후검사 평균점수는 96.75로 사전검사 평균점수($M=103.13$)보다 6.38이
하락하였고, 추후검사 평균점수도 97.63으로 사전검사 점수보다 5.50이 하락하였
다. 두 집단 간 평균 점수의 차이가 사후검사에서는 18.08이었고, 추후검사에서는
16.66으로 여전히 많은 차이를 보이고 있다.

3) 학업성취도에 미친 RSCP의 영향

(1) 학업성취 상위집단 간 교과 성적 비교

본 연구의 '가설 3'에서는 'RSCP가 초등학생의 학업성취도 변화에 긍정적인 영
향을 미칠 것이다'라고 가정하였다. 이를 검증하기 위하여 세부 가설로 설정한
'가설 3-1'에서는 'RSCP에 참가한 학업성취 상위 실험집단 아동들이 통제집단의

아동들보다 교과 성적이 유의미하게 향상될 것이다'라고 가정하였다. 이와 같은 '가설 3-1'을 검증하기 위하여 사전, 사후, 추후검사의 원점수를 T점수로 표준화하여 t검정을 실시하였다.

① 학업성취 상위집단 간 국어 성적 비교

학업성취 상위집단 간의 국어 성적 평균과 표준편차 그리고 평균 차이를 검증한 결과는 <표 Ⅴ-9>와 같다.

<표 Ⅴ-9> 학업성취 상위집단 간의 국어 성적 비교

검사	집단	N	M	SD	t	p
사전검사	실험집단1	12	58.15	3.10	.13	.895
	통제집단1	12	58.34	3.52		
사후검사	실험집단1	12	58.39	5.10	.65	.523
	통제집단1	12	57.02	5.23		
추후검사	실험집단1	12	61.39	3.52	2.16[*]	.042
	통제집단1	12	57.08	5.95		

*p<.05

<표 Ⅴ-9>에 나타난 것과 같이, 학업성취 상위집단 간의 국어 성적은 실험집단 1의 평균이 58.15, 통제집단 1의 평균은 58.34로서 두 집단 간의 t값은 .13, 유의도(p)는 .895이므로 실험집단 1과 통제집단 1 간에 유의미한 차이가 없었다. 본 연구의 프로그램을 적용한 후 학업성취도 변화 정도를 알아보기 위하여 사후검사를 실시해 본 결과, <표 Ⅴ-9>에서 제시한 바와 같이 사후검사 국어 성적에서도 실험집단 1의 평균이 58.39, 통제집단 1의 평균은 57.02로서 두 집단 간의 t값은 .65, 유의도(p)는 .523이므로 실험집단 1과 통제집단 1 간에 유의미한 차이를 찾아볼 수 없었다. 그러나 국어과 학업성취도 변화 추이를 더 알아보기 위하여 추후검사를 실시해 본 결과, <표 Ⅴ-9>에 나타난 바와 같이 실험집단 1의 평균이 61.39, 통제집단 1의 평균은 57.08이고, t값은 2.16으로서 p<.05 수준에서 유의미한 차이를 나타내고 있다.

이상과 같이 사전검사에서는 유의미한 차이를 나타내지 않았던 실험집단 1과 통제집단 1 간의 국어 성적이 사후검사에서는 유의미한 차이를 나타내지 않았으

나 추후검사에서 의미 있는 차이를 나타냈으므로 학업성취 상위집단의 국어 교과
에서는 '가설 3 - 1'이 수용되었다. 즉 실험집단 1이 통제집단 1보다 국어 성적이
유의미하게 향상된 것이다.

학업성취 상위집단인 실험집단 1과 통제집단 1의 국어성적 변화추이를 알아보
기 위해 사전, 사후, 추후검사 점수를 그래프로 나타내면 [그림 Ⅴ-9]와 같다.

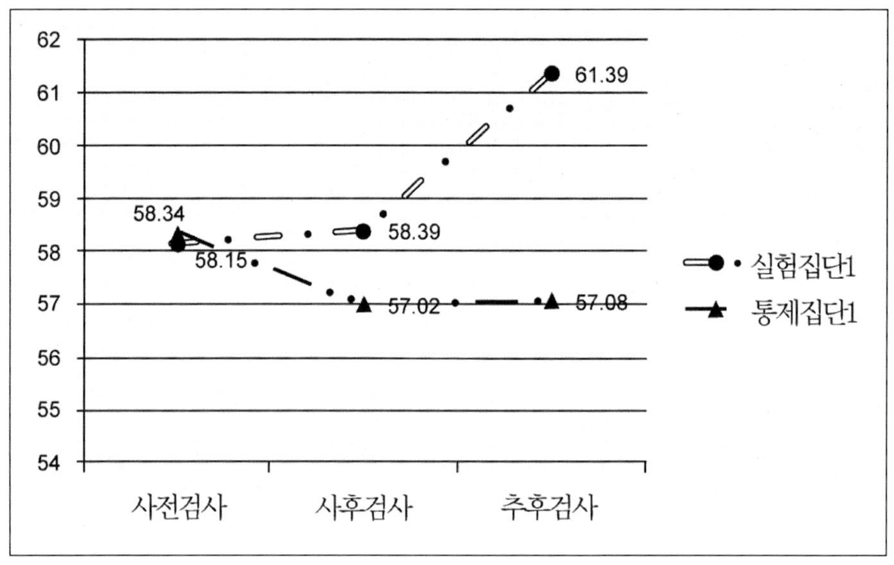

[그림 Ⅴ-9] 학업성취 상위집단 간 국어성적 평균 비교

[그림 Ⅴ-9]에 나타난 바와 같이, 학업성취 상위집단인 실험집단 1의 국어 성
취도 사후검사 평균점수는 58.39로 사전검사 평균점수(M=58.15)보다 0.24가 향상
되었고, 추후검사 평균점수는 61.39로 사전검사 평균점수보다 3.24가 향상되었다.
반면에 통제집단 1의 사후검사 평균점수는 57.02로 사전검사 평균점수(M=58.34)
보다 1.32 하락하였고, 추후검사 평균점수는 57.08로 사전검사 점수보다 1.26이 하
락하였다. 결과적으로 두 집단 간의 평균점수 차이가 사후검사에서는 1.37이었으
나 추후검사에서는 4.31로 점차 늘어나고 있다.

② 학업성취 상위집단 간 수학 성적 비교

학업성취 상위집단 간의 수학 성적 평균과 표준편차 그리고 평균 차이를 검증

한 결과는 <표 Ⅴ-10>과 같다.

<표 Ⅴ-10> 학업성취 상위집단 간의 수학 성적 비교

검사	집단	N	M	SD	t	p
사전검사	실험집단1	12	60.10	3.13	.00	1.000
	통제집단1	12	60.10	2.71		
사후검사	실험집단1	12	61.47	4.54	2.16*	.042
	통제집단1	12	56.78	6.01		
추후검사	실험집단1	12	62.13	3.16	2.14*	.046
	통제집단1	12	58.33	5.25		

*$p<.05$

<표 Ⅴ-10>에 나타난 것과 같이, 수학과 학업성취도 사전검사에서 실험집단 1의 평균은 60.10, 통제집단 1의 평균도 60.10으로서 두 집단 간의 t값은 .00, 유의도(p)는 1.000이므로 실험집단 1과 통제집단 1 간에 유의미한 차이를 전혀 찾아볼 수 없었다. 본 연구의 프로그램을 적용한 후 학업성취도 변화 정도를 알아보기 위하여 사후검사를 실시해 본 결과, <표 Ⅴ-10>에서 제시한 바와 같이 수학 성적에서는 실험집단 1의 평균이 61.47, 통제집단 1의 평균은 56.78이고, t값은 2.16으로서 $p<.05$ 수준에서 유의미한 차이를 나타냈다. 학업성취도 변화 추이를 더 알아보기 위하여 추후검사를 실시해 본 결과, <표 Ⅴ-10>에 나타난 바와 같이 실험집단 1의 수학 성적 평균이 62.13, 통제집단 1의 평균은 58.33이고, t값은 2.14로서 $p<.05$ 수준에서 여전히 유의미한 차이를 나타내고 있다.

이상과 같이 사전검사에서는 유의미한 차이를 나타내지 않았던 실험집단 1과 통제집단 1 간의 수학 성적이 사후검사와 추후검사에서는 유의미한 차이를 나타냈으므로 학업성취 상위집단의 수학 교과에서는 '가설 3-1'이 수용되었다. 즉 실험집단 1이 통제집단 1보다 수학 성적이 유의미하게 향상된 것이다.

학업성취 상위집단인 실험집단 1과 통제집단 1의 수학성적 변화추이를 알아보기 위해 사전, 사후, 추후검사 점수를 그래프로 나타내면 [그림 Ⅴ-10]과 같다.

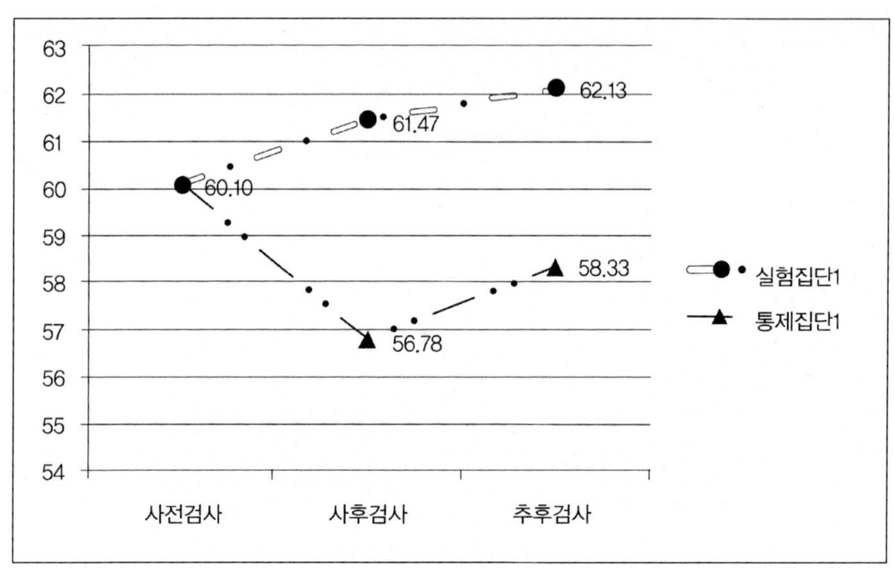

[그림 Ⅴ-10] 학업성취 상위집단 간 수학성적 평균 비교

실험집단 1의 수학 사후검사 평균점수는 61.47로 사전검사 평균점수($M=60.10$)보다 1.37점이 향상되었고, 추후검사 평균점수는 62.13으로 사전검사 평균점수보다 2.03이 향상되었다. 반면에 통제집단 1의 사후검사 평균점수는 56.78로 사전검사 평균점수($M=60.10$)보다 3.32 하락하였고, 추후검사 평균점수는 58.33으로 사전검사 평균점수보다 1.77이 하락하였다. 결과적으로 두 집단 간의 평균점수 차이가 사후검사에서는 4.69였고, 추후검사에서는 3.80으로 비슷한 수준을 유지하고 있다.

(2) 학업성취 하위집단 간의 교과 성적 비교

본 연구의 세부 가설로 설정한 '가설 3-2'에서는 'RSCP에 참가한 학업성취 하위 실험집단 아동들이 통제집단의 아동들보다 교과 성적이 유의미하게 향상될 것이다'라고 가정하였다. 이와 같은 '가설 3-2'를 검증하기 위하여 사전, 사후, 추후검사의 원점수를 T점수로 표준화하여 t검정과 공변량 분석을 실시하였다.

① 학업성취 하위집단 간의 국어 성적 비교

학업성취 하위집단 간 국어 성적의 평균과 표준편차 그리고 평균 차이를 검증한 결과는 <표 Ⅴ-11>과 같다.

<표 Ⅴ-11> 학업성취 하위집단 간의 국어 성적 비교

검사	집단	N	M	SD	t	p
사전검사	실험집단2	12	40.00	8.88	.10	.923
	통제집단2	12	40.37	9.40		
사후검사	실험집단2	12	41.96	9.05	.45	.660
	통제집단2	12	43.79	10.91		
추후검사	실험집단2	12	47.30	6.76	2.18[*]	.040
	통제집단2	12	40.33	8.74		

*$p<.05$

<표 Ⅴ-11>에 나타난 바와 같이, 사전검사에서 학업성취 하위집단의 국어 성적은 실험집단 2의 평균이 40.00, 통제집단 2의 평균은 40.37로서 두 집단 간의 t값은 .10, 유의도(p)는 .923이므로 실험집단 2와 통제집단 2 간에 유의미한 차이가 없었다. 본 연구의 프로그램을 적용한 후 학업성취도 변화 정도를 알아보기 위하여 사후검사를 실시해 본 결과, <표 Ⅴ-11>에 제시된 바와 같이 국어 성적은 실험집단 2의 평균이 41.96, 통제집단 2의 평균은 43.79로서 두 집단 간의 t값은 .45, 유의도(p)는 .660이므로 실험집단 2와 통제집단 2 간에 유의미한 차이를 찾아볼 수 없었다. 그러나 사전검사와 사후검사에서 유의미한 차이를 나타내지 않았던 국어 성적은 추후검사에서 $p<.05$ 수준의 유의미한 차이를 나타냈다. 즉 실험집단 2의 국어 평균이 47.30, 통제집단 2의 평균은 40.33이고, t값은 2.18로서 $p<.05$ 수준에서 유의미한 차이를 나타낸 것이다.

이상과 같이 사전검사에서는 유의미한 차이를 나타내지 않았던 실험집단 2와 통제집단 2 간의 국어 성적이 사후검사에서는 유의미한 차이를 나타내지 않았으나 추후검사에서 의미 있는 차이를 나타냈으므로 학업성취 하위집단의 국어 교과에서는 '가설 3-2'가 수용되었다. 즉 실험집단 2가 통제집단 2보다 국어 성적이 유의미하게 향상된 것이다.

학업성취 하위집단인 실험집단 2와 통제집단 2의 국어성적의 변화추이를 알아보기 위해 사전, 사후, 추후검사 점수를 그래프로 나타내면 [그림 Ⅴ-11]과 같다.

[그림 Ⅴ-11]에 나타난 바와 같이, 학업성취 하위집단인 실험집단 2의 국어 성취도 사후검사 평균점수는 41.96으로 사전검사 평균점수($M = 40.00$)보다 1.96이 향상되었고, 추후검사 평균점수는 47.30으로 사전검사 평균점수보다 7.30이 향상되었다. 반면에 통제집단 2의 사후검사 평균점수는 43.79로 사전검사 평균점수($M = 40.37$)보다 3.42가 상승하였고, 추후검사 평균점수는 40.33으로 사전검사 점수보다 0.04가 하락하였다. 이와 같이 사전검사와 사후검사에서는 통제집단 2의 국어성적이 실험집단 2보다 더 높았으나, 추후검사에서는 실험집단 2의 국어성적이 통제집단 2보다 더 높게 나타났다.

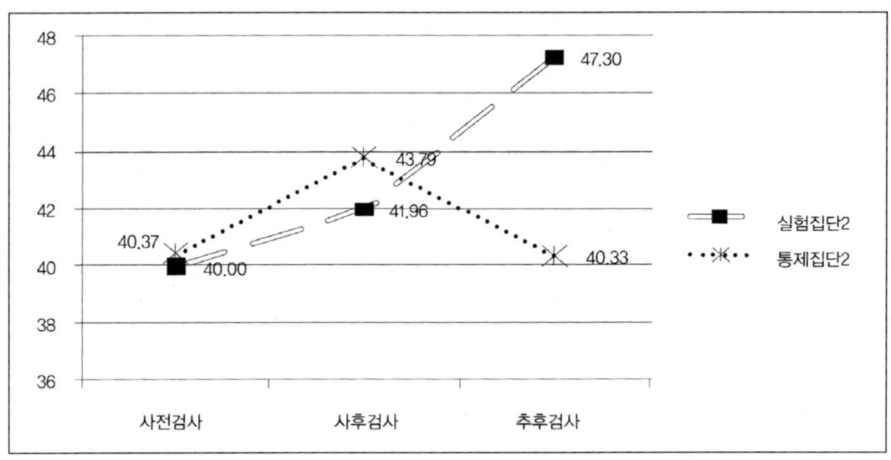

[**그림** Ⅴ-11] 학업성취 하위집단 간 국어성적 평균 비교

② 학업성취 하위집단 간의 수학 성적 비교

학업성취 하위집단 간 수학 성취도 사전검사의 평균과 표준편차 그리고 평균 차이를 검증한 결과는 <표 Ⅴ-12>와 같다.

〈**표** Ⅴ-12〉 학업성취 하위집단 간의 수학 성취도 사전검사 비교

집단	N	M	SD	t	p
실험집단2	12	36.33	3.58	2.25*	.035
통제집단2	12	40.14	4.63		

*$p < .05$

<표 Ⅴ-12>에 나타난 바와 같이, 학업성취 하위집단 간의 수학 성취도 사전 검사에서는 실험집단 2의 평균은 36.33, 통제집단 2의 평균은 40.14로서 *t*값은 2.25, 유의도(*p*)는 .035이므로 *p*<.05 수준에서 유의미한 차이를 나타냈다. 이와 같이 수학 성적은 이질집단 간의 비교이므로, 정확한 결과를 알아보기 위하여 사전, 사후, 추후검사에 대한 평균과 교정평균, 표준편차를 구하고, 사전검사 점수를 공변인으로 하는 공변량 분석을 실시하였다. 우선 수학성적에 대한 실험집단 1과 실험집단 2의 평균과 표준편차는 <표 Ⅴ-13>과 같다.

〈표 Ⅴ-13〉 학업성취 하위집단의 수학성적 평균 및 표준편차

검사	집단	*M*(교정평균)	*SD*
	실험집단 2(n=12)	36.33	3.58
사전검사	통제집단 2(n=12)	40.14	4.63
	전체(n=24)	38.23	4.50
	실험집단 2(n=12)	42.47(43.11)	8.40
사후검사	통제집단 2(n=12)	42.28(41.64)	7.71
	전체(n=24)	42.37	7.88
	실험집단 2(n=12)	42.28(43.65)	6.30
추후검사	통제집단 2(n=12)	40.37(38.99)	6.65
	전체(n=24)	41.32	6.57

<표 Ⅴ-13>에 제시된 바와 같이, 사후검사의 교정평균이 실험집단 2는 43.11, 통제집단 2는 41.64로 나타났고, 추후검사의 교정평균은 실험집단 2가 43.65, 통제집단 2가 38.99로 나타났다. 이러한 점수들이 통계적으로 유의미한 차이를 나타내는지 알아보기 위하여 사전검사 점수를 공변인으로 하는 공변량 분석을 실시하였는데, 그 결과는 <표 Ⅴ-14>와 같다.

〈표 Ⅴ-14〉 학업성취 하위집단의 수학성적에 대한 공변량 분석

검사	변량원	제곱합	df	평균제곱	F	p
사후검사	공변량	42.71	1	42.71	.65	.430
	집단 간	10.52	1	10.52	.16	.694
	오차	1,386.79	21	66.04		
	전체	44,523.42	24			
추후검사	공변량	197.87	1	197.87	5.38[*]	.031
	집단 간	106.11	1	106.11	2.88	.104
	오차	772.62	21	36.79		
	전체	41,971.89	24			

*α.05

〈표 Ⅴ-14〉에 나타난 바와 같이, 수학성적의 사후검사 점수를 종속변인으로 한 공변량 분석에서 집단 간 F값이 .16, 유의도(p)가 .694로 실험집단 2와 통제집단 2 간에 유의미한 차이를 나타내지 않았다. 이뿐만 아니라 수학성적의 추후검사 점수를 종속변인으로 하는 공변량 분석에서도 집단 간 F값이 2.88, 유의도(p)가 .104로 두 집단 간에 유의미한 차이를 나타내지 않았다.

이상과 같이 학업성취 하위집단 간의 수학 성적은 사후검사와 추후검사에서 유의미한 차이를 나타내지 않았다. 그러므로 학업성취 하위집단의 수학성적에 있어서는 '가설 3-2'가 기각되었다.

학업성취 하위집단 간 수학성적의 변화추이를 살펴보면, [그림 Ⅴ-12], [그림 Ⅴ-13]과 같다. 먼저 [그림 Ⅴ-12]에서 보는 바와 같이, 실험집단 2의 수학 성취도 사후검사 평균점수는 42.47로 사전검사 평균점수(M=36.33)보다 6.14가 향상되었고, 추후검사 평균점수는 42.28로 사전검사 평균점수보다 5.95가 향상되었다. 반면에 통제집단 2의 사후검사 평균점수는 42.28로 사전검사 평균점수(M=40.14)보다 2.14가 상승하였고, 추후검사 평균점수는 40.37로 사전검사 점수보다 0.23이 향상되는 데 그쳤다. 이와 같이 실험집단 2는 사전검사에서 통제집단 2보다 수학 성적 평균점수가 더 낮게 나타났으나 사후검사와 추후검사에서는 더 높게 나타났다.

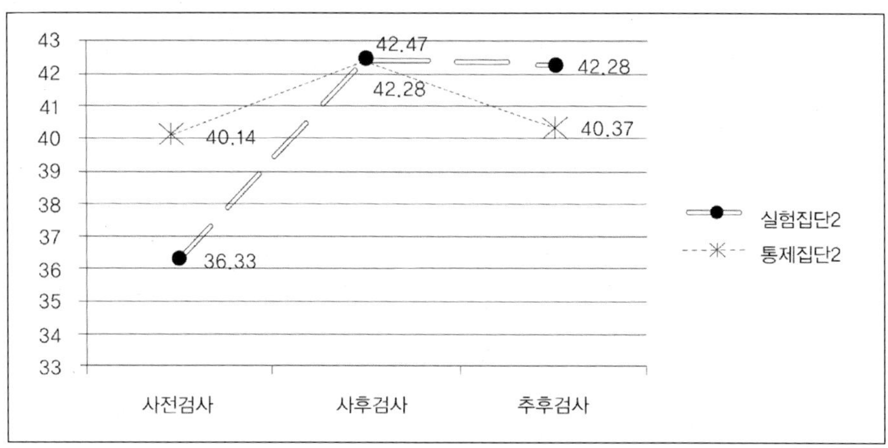

[그림 Ⅴ-12] 학업성취 하위집단 간 수학성적 평균 비교

학업성취 하위집단인 실험집단 2와 통제집단 2는 수학 성취도 사전검사에서 유의미한 차이를 나타냈으므로, 보다 더 정확한 변화 추이를 알아보기 위해 사후 검사와 추후검사의 교정평균을 비교해 보면 [그림 Ⅴ-13]과 같다.

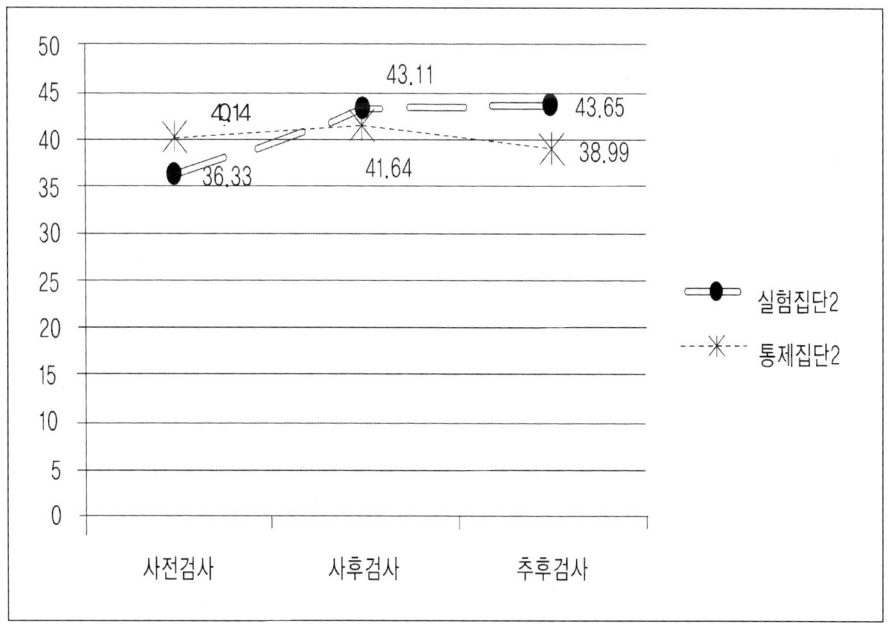

[그림 Ⅴ-13] 학업성취 하위집단 간 수학성적 교정평균 비교

[그림 Ⅴ-13]에 나타난 바와 같이, 실험집단 2의 수학 성취도 사후검사 교정평균은 43.11이고, 통제집단 2의 교정평균은 41.64로 사전검사 점수가 더 낮았던 실험집단 2의 교정평균이 1.47이 더 높았다. 또한 실험집단 2의 추후검사 교정평균은 43.65이고, 통제집단 2의 교정평균은 38.99로 실험집단 2의 교정평균 점수가 4.66이 더 높았다. 이와 같이 두 집단 간 수학 교정평균의 차이가 사후검사에서는 1.47이었으나 추후검사에서는 4.66으로 점차 늘어나고 있다.

(3) 학업성취수준이 다른 실험집단 간의 교과 성적 비교

본 연구의 세부 가설로 설정한 '가설 3-3'에서는 'RSCP 처치 후의 교과 성적은 학업성취수준이 다른 집단 간에 유의미한 차이가 있을 것이다'라고 가정하였다. 이와 같은 '가설 3-3'을 검증하기 위하여 사전, 사후, 추후검사의 원점수를 T점수로 표준화하여 t검정과 공변량 분석을 실시하였다.

① 학업성취수준이 다른 실험집단 간의 국어 성적 비교

학업성취수준이 다른 실험집단 간 국어 성취도 사전검사의 평균과 표준편차 그리고 평균 차이를 검증한 결과는 <표 Ⅴ-15>와 같다.

〈표 Ⅴ-15〉 학업성취 상·하위 실험집단 간의 국어 성취도 사전검사 비교

집단	N	M	SD	t	p
실험집단1	12	58.15	3.10	6.69***	.000
실험집단2	12	40.00	8.88		

***p<.001

<표 Ⅴ-15>에 나타난 바와 같이, 국어 성취도 사전검사에서 학업성취 상위집단인 실험집단 1과 학업성취 하위집단인 실험집단 2는 유의미한 차이를 나타냈다. 즉 실험집단 1과 실험집단 2 간에는 국어 성적 평균이 각각 58.15, 40.00이고 t값이 6.69로, p<.001의 수준에서 유의미한 차이를 나타냈다. 그러므로 두 실험집단 간의 사후검사와 추후검사에서 국어 성적의 차이를 알아보기 위하여 사전, 사후, 추후검사에 대한 평균, 교정평균, 표준편차를 구하고, 사전검사를 공변인으로 하는 공변량 분석을 실시하였다. 국어 성적에 대한 실험집단 1과 실험집단 2의 평

균과 표준편차가 <표 Ⅴ-16>에 제시되어 있다.

<표 Ⅴ-16> 학업성취 상·하위 실험집단의 국어성적 평균 및 표준편차

검사	집단	M(교정평균)	SD
사전검사	실험집단 1(n=12)	58.15	3.10
	실험집단 2(n=12)	40.00	8.88
	전체(n=24)	49.08	11.33
사후검사	실험집단 1(n=12)	58.39(54.46)	5.10
	실험집단 2(n=12)	41.97(45.89)	9.05
	전체(n=24)	50.18	11.04
추후검사	실험집단 1(n=12)	61.39(56.40)	3.52
	실험집단 2(n=12)	47.30(52.29)	6.76
	전체(n=24)	54.34	8.92

<표 Ⅴ-16>에 제시된 바와 같이, 국어 성취도 사후검사의 교정평균이 실험집단 1은 54.46, 실험집단 2는 45.89로 나타났고, 추후검사의 교정평균은 실험집단 1이 56.40, 실험집단 2가 52.29로 나타났다. 이러한 차이가 통계적으로 유의미한지를 알아보기 위하여 사전검사 점수를 공변인으로 하는 공변량 분석을 실시하였는데, 그 결과는 <표 Ⅴ-17>과 같다.

<표 Ⅴ-17> 학업성취 상, 하위 실험집단의 국어성적에 대한 공변량 분석

검사	변량원	제곱합	df	평균제곱	F	p
사후검사	공변량	181.54	1	181.54	3.79	.065
	집단 간	145.74	1	145.74	3.04	.096
	오차	1005.48	21	47.88		
	전체	63,231.11	24			
추후검사	공변량	294.72	1	294.72	18.00[***]	.000
	집단 간	33.38	1	33.38	2.04	.168
	오차	343.85	21	16.37		
	전체	72,708.14	24			

[***] α.001

<표 Ⅴ-17>에 나타난 바와 같이, 국어 성취도 사후검사 점수를 종속변인으로 한 공변량 분석에서 집단 간 F값이 3.04, 유의도(p)가 .096으로 실험집단 1과 실험

집단 2 간에 유의미한 차이를 나타내지 않았다. 이뿐만 아니라 국어 추후검사 점수를 종속변인으로 하는 공변량 분석에서도 집단 간 F값이 2.04, 유의도(p)가 .168로 두 집단 간에 유의미한 차이를 찾아볼 수 없었다.

이상과 같이 학업성취 상위 실험집단과 하위 실험집단 간의 국어 성적은 사후검사와 추후검사에서 유의미한 차이를 나타내지 않았다. 그러므로 이 두 집단의 국어 성적에 있어서는 '가설 3-3'이 기각되었다.

학업성취수준이 다른 실험집단 간 국어성적의 변화추이를 알아보기 위해 사전, 사후, 추후검사 점수를 그래프로 나타내면 [그림 Ⅴ-14], [그림 Ⅴ-15]와 같다.

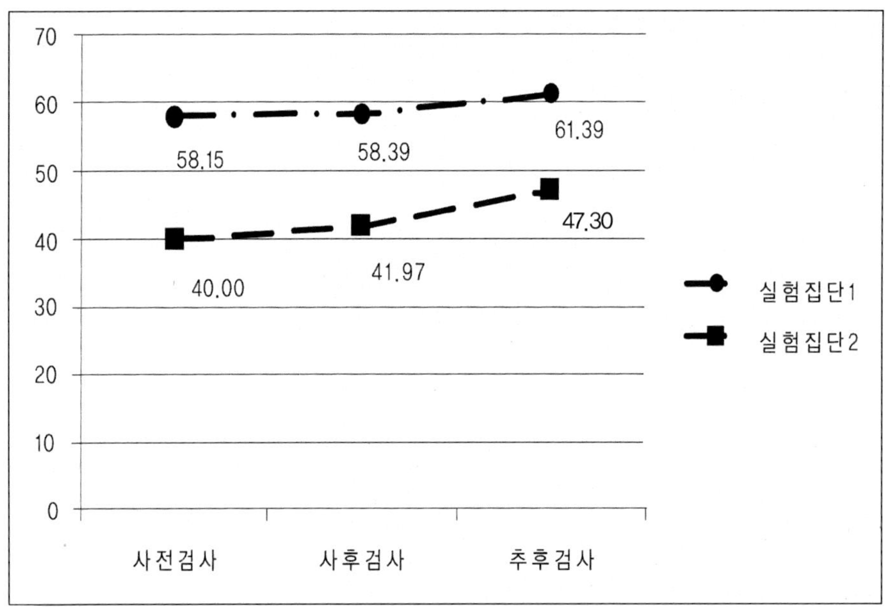

[**그림** Ⅴ-14] 학업성취 상·하위 실험집단 간 국어성적 평균 비교

[그림 Ⅴ-14]에 나타난 바와 같이, 학업성취 상위집단인 실험집단 1의 국어 성취도 사후검사 평균점수는 58.39로 사전검사 평균점수(M=58.15)보다 0.24가 향상되었고, 추후검사 평균점수는 61.39로 사전검사 평균점수(M=58.15)보다 3.24가 향상되었다. 한편 실험집단 2의 사후검사 평균점수는 41.97로 사전검사 평균점수(M=40.00)보다 1.97이 상승하였고, 추후검사 평균점수는 47.30으로 사전검사 점

수($M=40.00$)보다 7.30이 향상되었다. 이와 같이 실험집단 1과 실험집단 2의 국어 성적은 모두 점진적으로 상승하고 있는 것으로 나타났다.

학업성취 상위집단인 실험집단 1과 하위집단인 실험집단 2는 국어 성취도 사전검사에서 유의미한 차이를 나타냈으므로, 보다 더 정확한 변화 추이를 알아보기 위해 사후검사와 추후검사의 교정평균을 비교해 보면 [그림 Ⅴ-15]와 같다.

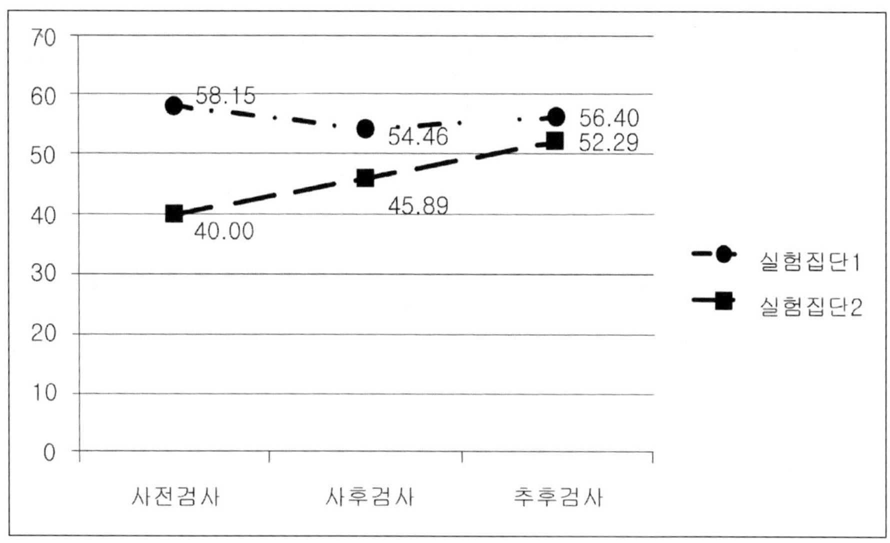

[그림 Ⅴ-15] 학업성취 상·하위 실험집단 간 국어성적 교정평균 비교

[그림 Ⅴ-15]에 나타난 바와 같이, 학업성취 상위집단인 실험집단 1의 국어 성취도 사후검사 교정평균은 54.46이고, 실험집단 2의 교정평균은 45.89로 실험집단 1의 교정평균 점수가 8.57이 더 높았다. 한편 실험집단 1의 추후검사 교정평균은 56.40이고, 실험집단 2의 교정평균은 52.29로 실험집단 1의 교정평균 점수가 4.11이 더 높았다. 이와 같이 두 집단의 국어 교정평균의 차이가 사후검사에서는 8.57이었으나 추후검사에서는 4.11로 점차 줄어들고 있다.

② 학업성취수준이 다른 실험집단 간의 수학 성적 비교

학업성취수준이 다른 실험집단 간 수학 성취도 사전검사의 평균과 표준편차 그리고 평균 차이를 검증한 결과는 <표 Ⅴ-18>과 같다.

〈표 Ⅴ-18〉 학업성취 상·하위 실험집단 간의 수학 성취도 사전검사 비교

집단	N	M	SD	t	p
실험집단1	12	60.10	3.13	17.30***	.000
실험집단2	12	36.33	3.58		

***ρ<.001

    <표 Ⅴ-18>에 나타난 바와 같이, 수학 성취도 사전검사에서 학업성취 상위집단인 실험집단 1과 학업성취 하위집단인 실험집단 2는 유의미한 차이를 나타냈다. 즉 실험집단 1과 실험집단 2 간의 수학 성적에서 실험집단 1의 평균이 60.10, 실험집단 2의 평균은 36.33이고 t값은 17.30으로 p<.001 수준에서 유의미한 차이를 나타냈다. 그러므로 두 실험집단 간의 사후검사와 추후검사에서 수학성적의 차이를 알아보기 위하여 사전, 사후, 추후검사에 대한 평균, 교정평균, 표준편차를 구하고, 사전검사를 공변인으로 하는 공변량 분석을 실시하였다. 수학성적에 대한 실험집단 1과 실험집단 2의 평균과 표준편차가 <표 Ⅴ-19>에 제시되어 있다.

〈표 Ⅴ-19〉 학업성취 상·하위 실험집단의 수학성적 평균 및 표준편차

검사	집단	M(교정평균)	SD
사전검사	실험집단 1(n=12)	60.10	3.13
	실험집단 2(n=12)	36.33	3.58
	전체(n=24)	48.21	12.58
사후검사	실험집단 1(n=12)	61.47(58.35)	4.54
	실험집단 2(n=12)	42.47(45.59)	8.40
	전체(n=24)	51.97	11.74
추후검사	실험집단 1(n=12)	62.13(54.38)	3.16
	실험집단 2(n=12)	42.28(50.02)	6.63
	전체(n=24)	52.20	11.34

    <표 Ⅴ-19>에 제시된 바와 같이, 수학 사후검사의 교정평균이 실험집단 1은 58.35, 실험집단 2는 45.59로 나타났고, 추후검사의 교정평균은 실험집단 1이 54.38, 실험집단 2가 50.02로 나타났다. 이러한 차이가 통계적으로 유의미한지를 알아보기 위하여 사전검사를 공변인으로 하는 사후검사 점수에 대한 공변량 분석을 실시하였는데, 그 결과는 <표 Ⅴ-20>과 같다.

〈표 Ⅴ-20〉 학업성취 상·하위 실험집단의 수학성적에 대한 공변량 분석

검사	변량원	제곱합	df	평균제곱	F	p
사후검사	공변량	17.24	1	17.24	.37	.551
	집단 간	66.82	1	66.82	1.42	.246
	오차	985.55	21	46.93		
	전체	67,994.70	24			
추후검사	공변량	105.91	1	105.91	4.56[*]	.045
	집단 간	7.78	1	7.78	.34	.569
	오차	487.85	21	23.23		
	전체	68,354.71	24			

*$p<.05$

<표 Ⅴ-20>에 나타난 바와 같이, 수학 사후검사 점수를 종속변인으로 한 공변량 분석에서 집단 간 F값이 1.42, 유의도(p)가 .246으로 실험집단 1과 실험집단 2 간에 유의미한 차이를 나타내지 않았다. 이뿐만 아니라 수학 추후검사 점수를 종속변인으로 하는 공변량 분석에서도 집단 간 F값이 .34, 유의도(p)가 .569로 두 집단 간에 유의미한 차이를 나타내지 않았다.

이상과 같이 본 연구 프로그램 적용 후 학업성취수준이 다른 실험집단 간의 수학 성적의 차이를 알아보기 위하여 공변량 분석을 실시해 본 결과, 사후검사와 추후검사에서 의미 있는 차이를 찾아볼 수 없었다. 그러므로 이 두 실험집단의 수학 성적에 있어서는 '가설 3-3'이 기각되었다.

학업성취수준이 다른 실험집단 간 수학성적의 변화추이를 알아보기 위해 사전, 사후, 추후검사 점수를 그래프로 나타내면 [그림 Ⅴ-16], [그림 Ⅴ-17]과 같다.

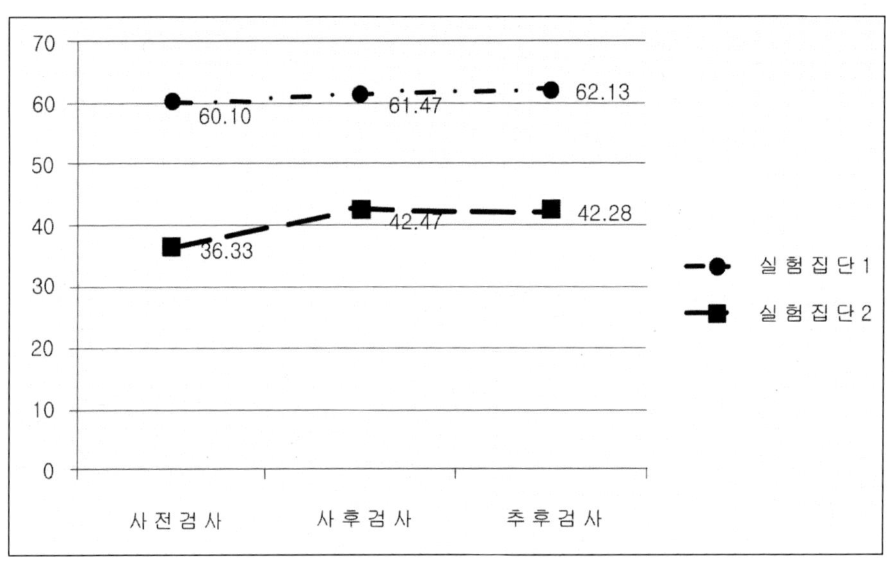

[**그림** Ⅴ-16] 학업성취 상·하위 실험집단 간 수학성적 평균 비교

[그림 Ⅴ-16]에 나타난 바와 같이, 학업성취 상위집단인 실험집단 1의 수학 성취도 사후검사 평균점수는 61.47로 사전검사 평균점수(M=60.10)보다 1.37이 향상되었고, 추후검사 평균점수는 62.13으로 사전검사 평균점수보다 2.03이 향상되었다. 한편 실험집단 2의 사후검사 평균점수는 42.47로 사전검사 평균점수(M=36.33)보다 6.14가 상승하였고, 추후검사 평균점수는 42.28로 사전검사 점수보다 5.95가 향상되었다. 이와 같이 실험집단 1과 실험집단 2의 수학성취도 사후검사 점수와 추후검사 점수는 모두 사전검사 점수보다 더 높게 나타났다.

학업성취 상위집단인 실험집단 1과 하위집단인 실험집단 2는 수학 성취도 사전검사에서 유의미한 차이를 나타냈으므로, 보다 더 정확한 변화 추이를 알아보기 위해 사후검사와 추후검사의 교정평균을 비교해 보면 [그림 Ⅴ-17]과 같다.

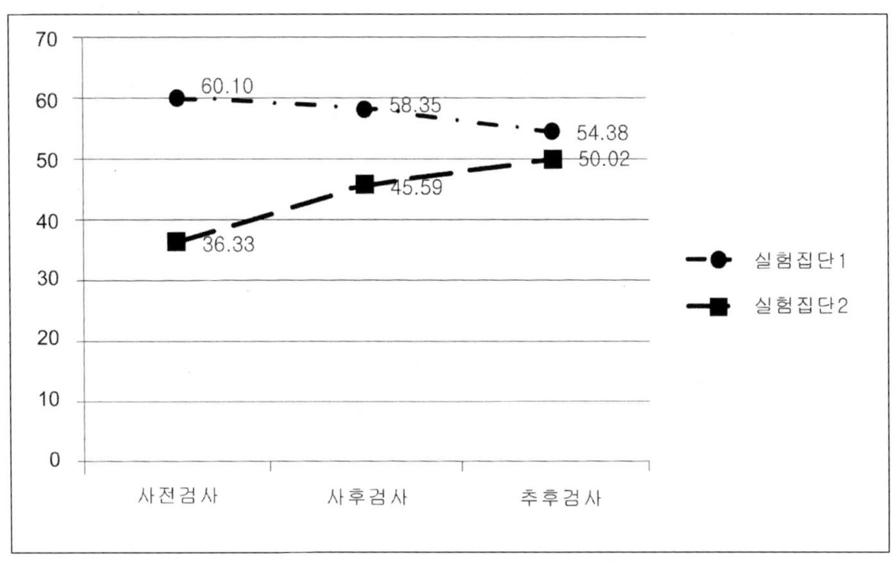

[**그림** Ⅴ-17] 학업성취 상·하위 실험집단 간 수학성적 교정평균 비교

[그림 Ⅴ-17]에 나타난 바와 같이, 학업성취 상위집단인 실험집단 1의 수학 성취도 사후검사 교정평균은 58.35이고, 실험집단 2의 교정평균은 45.59로 실험집단 1의 교정평균 점수가 12.76이 더 높았다. 한편 실험집단 1의 추후검사 교정평균은 54.38이고, 실험집단 2의 교정평균은 50.02로 실험집단 1의 교정평균 점수가 4.36이 더 높았다. 이와 같이 두 집단의 수학 교정평균의 차이가 사후검사에서는 12.76이었으나 추후검사에서는 4.36으로 점차 줄어들고 있다.

2. 요약

본 연구의 목적은 RSCP가 초등학생의 성취동기, 학습습관, 학업성취도에 어떠한 영향을 미치는지 알아보는 것이다. 이와 같은 목적을 달성하기 위하여 다음과 같은 연구문제를 설정하였다.

첫째, RSCP가 초등학생의 성취동기 변화에 어떤 영향을 미치는가?

둘째, RSCP가 초등학생의 학습습관 변화에 어떤 영향을 미치는가?

셋째, RSCP가 초등학생의 학업성취도 변화에 어떤 영향을 미치는가?

본 연구의 대상은 경기도 북부지역에 위치한 초등학교 1개교 6학년 학생들로, 2009년 3월에 실시한 '국가수준 교과학습 진단평가' 결과를 바탕으로 피험자를 선발하였다. 이 평가 결과 국어과와 수학과의 평균성적이 상위 30%에 속하는 24명(남 12명, 여 12명)과 하위 30%에 속하는 24명(남 12명, 여 12명)을 연구대상으로 선발하여 실험집단과 통제집단에 무선할당하였다. 즉 학업성취 상위집단인 실험집단 1과 통제집단 1에 각각 남 6명, 여 6명씩을 할당하였고, 학업성취 하위집단인 실험집단 2와 통제집단 2에도 각각 남 6명, 여 6명씩을 할당하여 각 집단마다 인원수가 12명씩이 되게 하였다.

본 연구에서 사용한 실험 설계는 전후검사 통제집단 설계(pretest－posttest control group design)를 확장한 것이다. 본 연구에서는 사전검사와 사후검사, 추후검사를 실시하였으며, 실험집단에만 RSCP를 적용하고 통제집단에는 아무런 처치도 하지 않았다.

본 연구에서 개발한 RSCP는 총 22회기로 구성되어 있으며, 프로그램 진행은 실험집단 1과 실험집단 2 모두 연구자가 직접 담당하였다. 한 회기의 소요시간은 50분이며, 두 실험집단은 주 2회씩 프로그램에 각각 참여하였다.

본 연구의 효과를 검증하기 위하여 사용된 도구는 박한숙(2000)의 도구를 연구자가 수정·보완한 성취동기검사, 박경숙과 이혜선(1976)의 학습습관 검사, 2009년 '국가수준 교과학습 진단평가'(학업성취 사전검사용), 6학년 1학기 말 학력평가(학업성취 사후검사용), 2009년 '국가수준 학업성취도 평가'(학업성취 추후검사용)이다. 본 연구에서는 사전 동질성 검사 결과, 유의미한 차이가 없는 경우에는 사후검증과 추후검증에서 t검정을 실시하였고, 차이가 있는 경우에는 공변량 분석(ANCOVA)을 실시하였다. 본 연구의 검증 결과를 요약하면 다음과 같다.

첫째, 본 연구의 프로그램에 참여한 집단은 참여하지 않은 집단에 비해서 성취동기 점수가 사후검사와 추후검사에서 모두 유의미하게 높게 나타났다. 즉 학업성취 상위 실험집단과 통제집단 간의 성취동기 점수는 유의미한 차이를 나타냈고, 학업성취 하위 실험집단과 통제집단 간에도 의미 있는 차이가 나타났다. 그러나 학업성취 상위 실험집단과 하위 실험집단 간에는 유의미한 차이가 나타나지 않았다.

둘째, 본 연구의 프로그램에 참여한 집단은 참여하지 않은 집단에 비해서 학습습관 점수가 사후검사와 추후검사에서 모두 유의미하게 높게 나타났다. 즉 학업성취 상위 실험집단과 통제집단 간의 학습습관 점수는 유의미한 차이를 나타냈고, 학업성취 하위 실험집단과 통제집단 간에도 의미 있는 차이가 나타났다. 이뿐만 아니라 성취수준이 다른 학업성취 상위 실험집단과 하위 실험집단 간에도 유의미한 차이가 나타났다.

셋째, 본 연구의 프로그램에 참여한 집단은 참여하지 않은 집단에 비해서 국어 성적이 추후검사에서 유의미하게 높게 나타났다. 즉 학업성취 상위 실험집단과 통제집단 간의 국어 성적은 유의미한 차이를 나타냈고, 학업성취 하위 실험집단과 통제집단 간에도 의미 있는 차이가 나타났다. 그러나 성취수준이 다른 학업성취 상위 실험집단과 하위 실험집단 간의 국어 성적을 공변량 분석을 통하여 검증한 결과, 유의미한 차이가 나타나지 않았다.

넷째, 학업성취 상위 실험집단과 통제집단 간의 수학 성적은 사후검사와 추후검사에서 모두 유의미한 차이를 나타냈다. 그러나 학업성취 하위집단 간에는 실험집단이 통제집단보다 수학 성적이 더 많이 향상되었고, 두 집단 간의 차이도 갈수록 커지고 있으나 유의미한 정도는 아니었다. 한편 학업성취 상위 실험집단과 하위 실험집단은 공변량 분석을 통하여 처치 효과를 검증한 결과, 유의미한 차이를 나타내지 않았다.

3. 결론

본 연구에서 얻어진 결과를 토대로 내린 결론은 다음과 같다.

첫째, RSCP는 초등학생의 성취동기 향상에 효과적이다. 학업성취 상위 실험집단과 하위 실험집단은 각각의 통제집단보다 처치 후에 유의미하게 높은 성취동기 점수를 나타냈다. 이러한 결과는 현실요법에 입각하여 참여자가 잘하는 것을 탐색하고 각자의 목표를 세우게 한 것이 상위 실험집단에 효과적이었으며, 자신의 바람을 탐색하게 한 것은 동기가 낮았던 하위 실험집단에 효과적이었다고 해석된다. 반면에 학업성취 상위 실험집단과 하위 실험집단 간의 처치 후 성취동기는 유의미한 차이를 나타내지 않았다는 점으로 보아, 학업성취수준에 따른 프로그램의 효과 차이는 없는 것으로 해석된다.

둘째, RSCP는 초등학생의 학습습관 개선에 효과적이다. 학업성취 상위실험집단과 하위 실험집단은 각각의 통제집단보다 처치 후의 학습습관 점수가 유의미하게 높게 나타났다. 이러한 결과는 행위요소에 중점을 둔 현실요법에 입각하여 일상 생활계획표를 꾸준히 실천하게 한 것이 상위 실험집단에 효과적이었고, 바람 탐색하기, 행동 탐색하기, 평가하기, 계획하기라는 현실요법의 과정을 적용한 것은 하위 실험집단의 내적 통제력을 향상시켜 그들의 학습습관을 개선한 것이라고 해석된다. 또한 처치 후 학습습관은 학업성취 상위 실험집단이 하위 실험집단보다 유의미하게 높게 나타났다는 점을 고려하면, 본 연구의 프로그램이 학업성취 상위 아동들이나 하위 아동들에게 모두 효과적이지만, 효과의 정도는 상위집단 아동들에게 더 크게 나타났다는 것을 알 수 있다.

셋째, 학업성취도를 살펴본 결과 RSCP는 초등학생의 국어 성취도 향상에 효과적이다. 학업성취 상위 실험집단과 하위 실험집단은 각각의 통제집단보다 처치 후의 국어 성적이 유의미하게 높게 나타났다. 이러한 결과는 본 연구에서 개발한 읽기 학습 전략이 상위 실험집단 아동들의 인지 및 초인지 전략 사용을 증진시켰기 때문이며, 읽기 학습 전략 프로그램의 매 회기마다 학습자의 수준에 맞는 과제를 제시한 것은 하위 실험집단의 아동들에게 효과적이었다고 해석된다. 또한 학업성취 상위 실험집단과 하위 실험집단 간의 처치 후 국어 성적에 유의미한 차이를 나타내지 않았다는 점으로 보아, 학업수준에 따른 집단 간 차이가 없다는 것을 알 수 있다.

넷째, RSCP 처치 후의 수학 성취도는 학업성취 상위집단에는 효과적이었다. 학업성취 상위집단이 이러한 결과를 나타낸 것은 읽기, 바꾸어 말하기, 그림으로 나타내기, 계획하기, 계산하기, 검산하기라는 수학 문장제 해결 전략의 과정을 거치면서 인지 및 초인지 전략을 사용하도록 한 것이 효과적이었다고 해석된다.

반면에 학업성취 하위 실험집단은 통제집단보다 수학 성적이 더 많이 향상되었고, 두 집단 간의 차이가 점점 더 커지고 있는 추세이나 유의미한 정도는 아니었다. 이러한 결과는 학업성취 하위 실험집단과 통제집단이 비록 유의미한 차이를 나타내지는 못했지만, 본 연구에서 적용한 수학 문장제 해결 학습 전략이 일부 효과가 있었다고 해석된다.

한편 학업성취 상위 실험집단과 하위 실험집단 간의 수학 성적은 공변량 분석을 활용한 처치 후 비교에서 유의미한 차이를 나타내지 않았다. 이러한 결과는 수학 문장제 해결 전략 지도 시, 매 회기마다 수준이 다른 문제를 제시하여 각자의 능력에 맞게 해결하도록 한 것이 수학 성적을 동반 상승시켰기 때문이라고 해석된다.

Chapter 06

논의 및 제언

1. 논의

본 연구의 결과를 연구문제별로 논의하면 다음과 같다.

1) 성취동기 향상

본 연구에서는 '연구문제 1'을 'RSCP가 초등학생의 성취동기 변화에 어떤 영향을 미치는가?'라고 설정하였다. 연구의 결과를 바탕으로 본 연구가 성취동기에 미친 영향을 논의하면 다음과 같다.

첫째, RSCP는 학업성취 상위집단 아동들의 성취동기를 높일 수 있는 것으로 밝혀졌다. 성취동기 사후검사에서 학업성취 상위 실험집단은 통제집단보다 유의미하게 높은 점수를 나타냈으며, 이러한 차이는 3개월 후에 실시한 추후검사에서도 동일하게 나타났다. 본 연구의 프로그램이 자기조절학습의 성취동기적 측면을 보완하기 위하여 현실요법과 통합하였다는 점을 감안한다면, 이러한 결과는 현실요법적 집단상담 프로그램을 적용하여 성취동기가 향상되었다는 선행연구들(김인자·황미구, 1997; 정영옥, 2004)과 일치한다.

학업성취 상위실험집단 아동들은 자신의 능력에 대한 신념이 강하여(정미경, 1999) 자신이 잘하는 일을 탐색한 후, 자신에게 맞는 직업을 찾아보게 하는 본 연구의 활동에 적극 참여하였고, 이를 바탕으로 한 학기 목표와 1일 행동지침을 설

정하는 일에도 관심이 높았다. 잘하는 것을 탐색하고 목표를 설정하는 등의 현실
요법적인 활동들이 성취동기 사후검사에서 유의미한 차이를 나타나게 하였을 것
으로 해석된다.

사전, 사후, 추후검사의 점수의 변화를 살펴보면, 학업성취 상위 실험집단은 사
전검사 점수보다 사후와 추후검사 점수가 높게 나타난 반면, 통제집단은 점수의
변화가 거의 없었다. 사후검사에서 발생한 두 집단 간의 유의미한 차이는 추후검
사에서도 지속되는 것으로 나타났으나 학업성취 상위 실험집단의 점수가 약간 하
향적으로 변하였다. 이러한 사실은 향상된 점수를 유지하기 위해서는 학업성취
상위 실험집단 아동이라도 간헐적인 성취동기 관련 처치가 추가되어야 함을 의미
한다고 해석된다.

둘째, RSCP에 참가한 학업성취 하위 실험집단은 통제집단에 비하여 성취동기
가 의미 있게 높을 것이라는 예상은 지지되었다. 학업성취 하위 실험집단은 성취
동기 사후검사에서 통제집단보다 유의미하게 높은 점수를 나타냈으며, 추후검사
에서도 동일한 수준에서 유의미한 차이를 나타냈다. 이러한 결과는 초등학교 학
습부진아들에게 현실요법적 프로그램을 적용하여 성취동기가 유의미하게 향상되
었다는 보고들(김은미, 2003; 라주섭, 2007)과 유사하다.

학업성취 하위 실험집단 아동들은 학습에 대한 홍미가 낮기 때문에(정미경, 1999)
학업에 대한 자신의 바람이 뚜렷하지 않다. 따라서 본 연구에서는 현실요법의 기
법을 적용하여 생존, 사랑, 힘, 자유, 즐거움이라는 자신의 기본욕구를 이해시키
고, 이 욕구들을 이루어 줄 수 있는 최상의 사진들이 모여 있는 장소인 좋은 세계
(quality world)를 탐색하게 하였다. 이러한 활동을 통해 자신의 강한 욕구가 무엇인
지 알게 되고, 자신의 바람도 더 명확하게 인식하게 되어 성취동기가 향상된 것으
로 해석된다.

사전, 사후, 추후검사 점수의 변화를 살펴보면, 사전검사에서 통제집단보다 더
낮았던 학업성취 하위 실험집단 아동들의 성취동기 점수는 사후검사에서 크게 상
승한 반면, 통제집단 아동들의 사후검사 점수는 사전검사 점수보다 하락하였는
데, 사후검사에서 발생한 차이는 추후검사까지 지속되었다. 이러한 결과는 공부

를 못하는 학생들은 학년이 올라갈수록 교사와 학습, 학교를 자신의 좋은 세계 (quality) 속에서 빼내기 시작한다는 Glasser(1998a)의 주장과 일치하는 것으로, 이들에게 아무런 처치를 가하지 않으면 학습에 대한 동기를 완전히 상실할 가능성이 높다고 해석된다.

셋째, RSCP 처치 후의 성취동기 점수는 학업성취수준이 다른 실험집단 간에 유의미한 차이가 없는 것으로 나타났다. 이러한 결과는 앞에서 밝힌 바와 같이 학업성취 상위 실험집단이 목표설정을 통해서 성취동기가 향상되었고, 학업성취 하위 실험집단도 자신의 바람을 명확히 인식하게 됨으로써 성취동기가 향상되었기 때문이라고 해석된다.

사전, 사후, 추후검사 점수의 변화를 살펴보면, 두 집단 모두 사후검사 점수는 동일한 수준으로 향상되었다. 그러나 추후검사 점수는 학업성취 상위집단이 약간 하향하는 경향을 보인 반면, 학업성취 하위 실험집단의 점수는 계속 상승하는 추세이다. 이러한 사실로 미루어 볼 때, 학업성취 상위 실험집단의 성취동기가 고원 현상을 보이고 있으므로 간헐적인 처치가 필요하고, 학업성취 하위 실험집단에 지속적인 처치를 가하면 상위 실험집단의 수준으로 성취동기를 향상시킬 수 있을 것으로 판단된다.

2) 학습습관 개선

본 연구에서는 '연구문제 2'를 'RSCP가 초등학생의 학습습관 변화에 어떤 영향을 미치는가?'라고 설정하였다. 연구의 결과를 바탕으로 본 연구가 학습습관에 미친 영향을 논의하면 다음과 같다.

첫째, RSCP는 학업성취 상위집단 아동들의 학습습관을 개선할 수 있는 것으로 밝혀졌다. 학습습관 사후검사에서 학업성취 상위 실험집단은 통제집단보다 유의미하게 높은 점수를 나타냈으며, 추후검사에서도 동일 수준에서 유의미한 차이를 나타냈다. 본 연구의 프로그램이 자기조절학습의 학습습관적인 측면을 보완하기 위하여 현실요법과 통합하였다는 점을 감안한다면, 이러한 결과는 현실요법을 일반 아동들에게 적용하였더니 내적 통제성이 유의미하게 향상되었다는 보고들(Peterson & Woodward, 1994; 심윤영, 2006)에서 유사성을 찾을 수 있다.

본 연구 프로그램의 행동조절 영역에서는 참여자 자신의 시간활용 실태를 점검하고 자기평가하게 한 후, 일상생활 계획표를 수립하여 실천하게 함으로써 학습습관을 개선시키고자 하였다. 행위요소에 중점을 둔 현실요법의 전행동(total behavior) 개념을 도입하여 일상 생활계획표를 꾸준히 실천하도록 하고 매 회기 도입단계에서 확인하였는데, 학업성취 상위 실험집단 아동들은 일상 생활계획표를 잘 실천하였다. 자기 행동을 점검하고 평가하고 계획을 수립하여 실천하게 하는 활동들이 내적 통제력을 향상시키면서 시간관리가 정착되어 학업성취 상위 실험집단 아동들의 학습습관을 개선한 것으로 해석된다.

두 집단 간의 사전, 사후, 추후검사 점수의 변화를 살펴보면, 학업성취 상위 실험집단의 학습습관 점수는 사후검사에서 유의미한 차이로 상승하여 추후검사까지 그 수준을 유지하고 있는 반면에, 통제집단 검사점수는 사후검사에서 약간 하락하였으며 추후검사에서는 약간 상승하였으나 사전검사 점수 수준은 아니었다. 통제집단의 이러한 추세로 미루어 볼 때, 학업성취수준이 높은 아동들이라도 적절한 처치 없이는 학습습관을 개선할 수 없다고 해석된다.

둘째, RSCP에 참가한 학업성취 하위 실험집단은 통제집단에 비하여 학습습관이 의미 있게 높을 것이라는 예상은 지지되었다. 학업성취 하위 실험집단은 학습습관 사후검사에서 통제집단보다 유의미하게 높은 점수를 나타냈으며, 추후검사에서도 동일 수준에서 의미 있는 차이를 나타냈다. 이러한 결과는 일반 아동들을 대상으로 현실요법을 적용한 결과, 내적 통제력이 증가하였다는 Woodward(1994)의 연구 결과와 유사하다.

본 연구에서는 현실요법의 기법을 활용하여 학습에 대한 자신의 바람을 인식하게 하고, 자신의 시간활용 상황을 탐색한 후, 자기평가하게 하여 자신 스스로 실천할 수 있는 계획을 수립하게 하였다. 이러한 바람(Want) 탐색하기, 행동(Doing) 탐색하기, 평가(Evaluation)하기, 계획(Plan)하기라는 일련의 현실요법의 과정이 내적 통제력을 증진시켜 학습습관을 개선한 것으로 해석된다. 학업성취 하위 실험집단의 아동들은 바람과 행동을 탐색하고 계획을 수립하는 활동을 무난히 수행하였다.

두 집단 간의 사전, 사후, 추후검사 점수의 변화를 살펴보면, 사전검사에서 통제집단보다 더 낮았던 학업성취 하위 실험집단 아동들의 학습습관 점수는 사후검사에서 크게 상승한 반면, 통제집단 아동들의 사후검사 점수는 사전검사 점수보다 하락하였는데, 이러한 차이는 추후검사까지 지속되었다. 이러한 결과로 미루어 볼 때, 학업성취 하위집단 아동들이 아무런 처치를 받지 못하고 시간이 경과하면 학습습관이 더 나빠지는 것으로 판단된다.

셋째, RSCP 처치 후의 학습습관 점수는 학업성취수준이 다른 실험집단 간에 유의미한 차이가 있는 것으로 나타났다. 학업성취 상위 실험집단과 하위 실험집단 간에는 사후검사에서 유의미한 차이를 나타내지 않았지만, 추후검사에서는 의미 있는 차이를 나타냈다. 이러한 결과는 두 집단 모두 자신의 시간활용 상황을 점검하여 계획을 수립하는 활동은 동일하게 수행하였지만, 계획을 지속적으로 실천하는 면에서는 차이가 났다. 즉 본 연구에서는 참여자가 선정한 1일 행동지침과 자신이 만든 일상 생활계획표를 실천하도록 하고 매 회기 도입단계에서 실천 정도를 확인하였는데, 학업성취 상위 실험집단 아동들이 훨씬 더 잘 실천하였다.

학업성취 상위 실험집단 아동들은 거의 모두가 매 회기 1일 행동 지침과 일상 생활계획표를 실천해 오는 반면, 하위 실험집단 아동들은 절반 정도만 실천해 왔다. 매주 실천 정도를 자기평가한 점수에서도 학업성취 상위 실험집단 아동들이 하위 실험집단 아동들보다 더 높은 점수를 나타냈다. 이러한 결과들이 학업성취 상위 실험집단과 하위 실험집단 간의 학습습관에 유의미한 차이를 초래했을 것으로 해석된다. 두 집단 간의 유의미한 차이는 학업성취수준이 높은 학습자가 시간관리를 잘한다는 선행연구들(Delucchi, Rohwer, & Thomas, 1987; 정미경, 1999)에 의해서 지지된다.

사전, 사후, 추후검사 점수의 변화를 살펴보면, 두 집단 모두 사후검사 점수가 동일한 수준으로 향상되었다. 그러나 추후검사에서는 학업성취 상위 실험집단 아동들이 사후검사 수준을 유지하고 있는 반면에, 학업성취 하위 실험집단 아동들은 사후검사 점수보다 더 하락하였다. 이러한 사실로 미루어 볼 때, 학업성취 하위집단 아동들에게는 학습습관 개선을 위한 정기적인 처치가 필요하다고 판단된다.

3) 학업성취 향상

본 연구에서는 '연구문제 3'을 'RSCP가 초등학생의 학업성취도 변화에 어떤 영향을 미치는가?'라고 설정하였다. 연구의 결과를 바탕으로 본 연구가 학업성취에 미친 영향을 논의하면 다음과 같다.

첫째, RSCP는 학업성취 상위집단 아동들의 국어과의 성적을 높일 수 있는 것으로 밝혀졌다. 국어 성적에서 학업성취 상위 실험집단이 통제집단보다 유의미하게 향상되었다는 결과는 자기조절학습 전략 프로그램을 적용하였더니 독해 능력이 향상되고(Collins, 1991), 국어 성적이 의미 있게 향상되었다는 보고(김만권 · 이기학, 2003)와 일치한다.

그러나 학업성취 상위 실험집단의 국어 성적은 사후검사에서는 유의미한 차이를 나타내지 않았고 3개월 후에 실시한 추후검사에서 의미 있는 차이를 나타냈는데, 그 원인으로 전략 습득에 걸리는 시간을 생각해 볼 수 있다. 본 연구에서는 자신의 독서 능력을 측정한 후에 시각 바꾸기, 훑어보기, 질문하기, 질문의 답 찾으며 읽기, 통합하기, 글로 표현하기와 같은 읽기 학습 전략 6단계를 적용하도록 학습하였다. 이러한 활동들이 고도의 인지 및 초인지적 내용이어서 전략을 습득하여 유의미한 차이를 나타내는 데 시간이 많이 소요된 것으로 해석된다. 초등학생들은 자기조절 능력과 초인지적 지식이 함께 발달하는 시기이므로 초인지적 전략을 사용하는 데 대학생들보다 더 많은 시간과 연습이 필요하고 수개월 이상 지속되는 장기적인 프로그램이 되어야 한다는 Hoper와 Yu, Pintrich(1998)의 연구가 이러한 해석을 지지한다.

두 집단 간의 사전, 사후, 추후검사의 국어 점수 변화를 살펴보면, 학업성취 상위 실험집단의 사후검사 점수는 약간 상승하였고 추후검사 점수는 급격하게 상승하였다. 반면에 통제집단의 사후검사 점수는 약간 하락하여 추후검사까지 그 수준을 유지하고 있다. 이러한 사실이 국어 성적의 유의미한 차이가 사후검사에서 나타나지 않고 추후검사에서 나타났음을 알 수 있게 해 준다.

둘째, RSCP 적용 후에 학업성취 상위 실험집단의 수학성적은 사후검사에서 통제집단과 유의미한 차이를 나타냈으며, 추후검사에서도 동일 수준에서 의미 있는 차이를 나타냈다. 이러한 결과는 초등학생에게 다면적 표상 기반 전략 훈련을 적용하였더니 수학 문장제 해결능력이 향상되었다는 심은영(2006)의 보고와 유사하다.

본 연구에서 학업성취 상위 실험집단의 수학 성적이 의미 있게 향상되었다는 것은 본 연구 프로그램의 하위영역으로 수학 문장제 해결 전략 프로그램을 구성하여 적용한 것이 효과를 거둔 것으로 해석된다. 수학 문장제 해결 전략 프로그램은 읽기, 바꾸어 말하기, 그림으로 나타내기, 계획하기, 계산하기, 검산하기의 6단계를 거치면서 인지 및 초인지 전략을 사용하도록 구성되어 있다. 자기조절학습의 최대 수혜자는 유능한 학생이라는 Biemiller 등(1998)의 지적과 같이, 본 연구에서도 수학 문장제 해결 전략이 학업성취 상위 실험집단 아동들에게 효과적이었다고 해석된다.

사전, 사후, 추후검사의 수학 점수의 변화를 살펴보면, 학업성취 상위 실험집단의 사후검사와 추후검사 점수는 계속 상승하는 추세이다. 반면에 통제집단의 사후검사 점수는 급격하게 하락하였고 추후검사에서 약간 상승하였으나 사전검사 점수 수준으로 회복하지 못하였다. 이러한 사실로 미루어 볼 때, 인지 및 초인지 전략을 활용한 수학 문장제 해결 전략이 학업성취 상위집단 아동들의 성취도 향상에 효과적이라고 해석된다.

셋째, RSCP를 적용한 학업성취 하위 실험집단은 통제집단에 비하여 국어성적이 의미 있게 높게 나타났다. 이 집단의 국어 성적은 사후검사에서는 통제집단과 의미 있는 차이가 없었지만, 추후검사에서 유의미한 차이를 나타냈다. 이러한 결과는 프로그램의 내용에서 그 원인을 찾을 수 있다. 본 연구 프로그램의 하위영역인 읽기 학습 전략은 어린이 잡지의 글이나 신문 사설을 아동들의 수준에 맞게 연구자가 재구성하여 교재의 내용으로 사용하였다. 이와 같이 교과서 내용과 무관한 내용으로 학습전략을 익혀 학업성취도에서 유의미한 차이를 나타내기까지는 상당한 시간이 소요된 것으로 해석된다.

본 연구의 프로그램이 학업성취 하위집단의 국어성적을 향상시킬 수 있다는 결과는 자기조절학습 프로그램이 독해부진아의 독해력 향상에 도움이 되었다는 봉갑요(2004)의 연구와 유사하고, 초인지 독해전략이 학습부진아의 독해력과 독해 전이에 효과적이라는 이신동과 이경화(2002)의 연구 결과와도 유사하다.

사전, 사후, 추후검사의 국어 점수 변화추이를 살펴보면, 학업성취 하위 실험집단과 통제집단은 사후검사까지는 두 집단이 동반 상승하지만, 추후검사에서는 실험집단의 점수가 급격하게 상승한 반면, 통제집단의 점수는 사전검사 수준으로 하락하였다. 이러한 사실로 미루어 볼 때, 학습전략의 적용 없이 학업성취 하위집단의 국어 성적이 일시적으로 향상될 수도 있지만, 지속적인 성적 향상 효과를 보기 위해서는 학습전략의 적용이 필요하다고 판단된다.

넷째, RSCP 적용 후에도 학업성취 하위 실험집단은 수학성적에서 통제집단과 유의미한 차이를 나타내지 않았다. 이러한 결과는 김용수(1998)의 연구와는 상반된 결과이다. 김용수(1998)는 초등학교 6학년을 대상으로 수학과에 자기조절학습 프로그램을 적용한 결과, 학업성취도가 향상되었다고 보고하였다. 이 연구는 수학 교과시간에 수학 교과서의 내용을 21차시라는 비교적 긴 시간 동안 적용한 반면에, 본 연구는 아침시간에 수학 학습전략을 5회기 동안 적용하였다. 본 연구가 동기조절, 행동조절, 인지 및 초인지조절 영역을 모두 합하여 22회기지만, 수학 성취도에 직접적인 영향을 줄 수 있는 수학 문장제 해결 전략에 배정된 시간은 5회기이다. 이러한 회기 수가 학업성취 하위 실험집단의 수학 성적을 유의미하게 향상시키기에는 부족하였다고 해석된다.

그러나 사전, 사후, 추후검사의 수학성적 변화추이를 살펴보면, 사전검사에서 유의미하게 낮았던 학업성취 하위 실험집단의 수학성적은 사후검사와 추후검사에서는 통제집단보다 높게 나타났으며, 두 집단 간의 차이가 점점 커지고 있는 추세이다. 이러한 사실은 비록 학업성취 하위 실험집단이 통제집단과 유의미한 차이를 나타내지는 못했지만, 프로그램의 처치 효과는 일부 있었던 것으로 해석된다.

다섯째, 국어성적에 있어서 RSCP의 처치 효과는 학업성취수준이 다른 실험집단 간에 유의미한 차이를 나타내지 않았다. 본 연구에서는 읽기 학습 전략을 단계별로 익히게 한 후에 수준별 문제를 제시하여 참여자가 자신에게 맞는 문제를 선택하여 해결하게 하였는데, 이러한 활동이 두 집단 모두 비슷한 수준으로 국어 성적을 향상시킨 것으로 해석된다.

사전, 사후, 추후검사의 국어성적 변화추이를 살펴보면, 평균점수 비교에서는 학업성취 상위 실험집단과 하위 실험집단이 사후검사와 추후검사에서 모두 비슷한 수준으로 향상되었다. 반면에 두 집단이 사전검사에서 유의미한 차이를 나타냈다는 점을 감안하여 교정 평균을 비교해 보면, 학업성취 상위 실험집단의 검사점수는 거의 비슷한 수준을 유지하고 있으나 하위 실험집단의 검사점수는 계속 상승하여 추후검사에서는 그 차이가 매우 줄어들었다. 이러한 사실로 미루어 보았을 때, 학업성취 하위 실험집단의 아동들에게 지속적으로 학습전략을 가르치면 국어 성적을 보다 더 향상시킬 수 있을 것으로 해석된다.

여섯째, 수학성적에 있어서 RSCP의 처치 효과는 학업성취수준이 다른 실험집단 간에 유의미한 차이를 나타내지 않았다. 이러한 결과는 초등학생들에게 자기조절학습 훈련을 실시한 후에도 학업성취수준이 다른 집단 간에 유의미한 차이가 없었다는 연구 결과(김아영 등, 2005)와도 일치한다. 본 연구에서는 수학성적 향상을 목적으로 수학 문장제 해결 전략 프로그램을 하위영역으로 운영하였는데, 매 회기마다 참여자가 자신의 수준에 맞는 문제를 해결하도록 세 수준 이상의 문제를 제시하였다. 비록 학업성취수준이 다르더라도 각자의 수준에 맞는 학습을 진행했기 때문에, 성적이 동반 상승하여 집단 간에 유의미한 차이가 나타나지 않았던 것으로 해석된다.

사전, 사후, 추후검사의 수학성적 변화추이를 살펴보면, 평균점수 비교에서는 학업성취 상위 실험집단과 하위 실험집단이 사후검사와 추후검사에서 모두 비슷한 차이를 유지하면서 동반 상승하였다. 반면에 두 집단이 사전검사에서 유의미한 차이를 나타냈으므로 교정 평균을 비교해 보면, 학업성취 상위 실험집단의 검사점수는 점점 하락하는 추세이고, 하위 실험집단의 검사점수는 점점 상승하는 추세로 추후검사에서는 그 차이가 매우 줄어들었다. 그러므로 학업성취 하위 실험집단의 아동들에게도 지속적인 처치를 가하면 수학 성적을 보다 더 향상시킬 수 있을 것으로 해석된다.

2. 제언

본 연구의 RSCP 적용과 관련하여 제언을 하면 다음과 같다.

첫째, 본 연구에서는 RSCP에 참여한 집단과 참여하지 않은 집단 간의 차이를 중심으로 효과를 검증하였다. 따라서 차기 연구에서는 전통적인 자기조절학습과 RSCP를 비교 검증해 볼 필요가 있다.

둘째, 본 연구에 참여한 대상은 도농복합시의 동(洞) 지역의 아동들이다. 이러한 지역적 한계를 극복하려면 대도시 지역 소재 학교에도 실험집단을 두고 상호 비교 검증하는 것이 필요하다.

셋째, 본 연구에서는 초등학생들을 대상으로 프로그램을 적용하였으나, 내용을 보완하여 중·고등학생들에게 확대 적용하고 효과를 검증해 볼 필요가 있다. 중·고등학생들은 인지 및 초인지 전략을 사용하는 데 있어 초등학생들보다 더 수월할 것이고, 학업성취수준이 낮은 학생들은 동기 향상이나 학습습관 개선이 더 필요할 것이기 때문이다.

강태용(2002), "학습기술 훈련이 고등학생의 학습습관, 학습동기 및 학업성취에 미치는 효과", 부산대학교 대학원 박사학위 논문.

권성연(2002), "자기조절학습의 단계와 구인 규명", 이화여자대학교 대학원 박사학위 논문.

교육과학기술부(2008), "통계로 알아보는 2007 국가수준 학업성취도 평가", 『연구자료 ORM』 2008-34, 서울: 한국교육과정평가원.

김남옥(1985), "교과서 읽기 기술훈련이 학습습관 및 학업성적에 미치는 효과", 『학생지도연구』, 18(1), 63-98.

______(1987), "학습기술 훈련 프로그램 Ⅰ: 읽기 기술", 『학생지도연구』, 20(1), 57-88.

______(1990), "학습부진아들의 상담 및 훈련을 위한 읽기 교정지도 프로그램 개발", 『한국심리학회지: 상담과 심리치료』, 3(1), 87-107.

______(1991a), "학습부진아에 대한 진단적-처방적 학습기술 훈련의 효과", 계명대학교 대학원 박사학위 논문.

______(1991b), "여유 있는 학교생활을 위한 효율적인 시간관리 기술 훈련 프로그램", 『학생연구』, 11, 53-70.

김남희·김아영(2002), "현실요법을 적용한 집단상담이 여중생의 학습된 무기력 및 학업적 자기효능감에 미치는 효과", 『이화교육논총』, 12, 423-439.

김만권·이기학(2003), "자기조절 학습전략 프로그램이 학업성취와 심리적 특성에 미치는 효과", 『한국심리학회지: 상담 및 심리치료』, 15(3), 491-504.

김순업(2005), "현실요법을 적용한 교사 정신건강 증진 프로그램 개발 및 효과 검증", 계명대학교 대학원 박사학위 논문.

김순자·김갑숙(2006), "현실요법적 집단미술 치료가 학습부진 청소년의 성취동기 및 자아개념에 미치는 효과", 『미술치료연구』, 13(3), 527-552.

김아영·주지은·정소영(2005), "수학성취 수준별 집단의 성취도와 학습전략 사용 및 변화에 대한 자기조절학습 훈련 프로그램의 효과", 『교육심리연구』, 19(3), 677-698.

김영순(2000), "현실요법 부모 집단상담 프로그램의 개발과 그 효과", 원광대학교 대학원 박사학위 논문.

김용수(1998), "자기조절학습의 효과에 관한 실험연구", 한국교원대학교 대학원 박사학위 논문.

김은미(2003), "현실요법 프로그램이 초등학교 학습부진아의 성취동기와 자아개념에 미치는 효과", 진주교육대학교 교육대학원 석사학위 논문.

김은영·박승호(2006), "동기조절 훈련 프로그램이 자기조절학습과 학업성취에 미치는 효과", 『교육심리연구』, 20(1), 99-117.

김인자(1995), 『현실요법 논문집』, 서울: 한국심리상담연구소.

______(1996), 『Y.Q.M.T 강사지침서』, 서울: 한국심리상담연구소.

______(2005), 『현실요법과 선택이론』, 서울: 한국심리상담연구소.

김인자 역(1995), 『내가 좋아하는 세상 만들기』, 서울: 한국심리상담연구소. [원전: Floyd. C.(1990), *The quality world activity kit: Reality therapy group program*, New York: Harper & Row.]

김인자 · 황미구(1997), "현실요법을 적용한 집단상담 프로그램이 내적 통제성 및 성취동기에 미치는 효과", 『한국심리학회지: 상담과 심리치료』, 9(1), 81−98.

김정환 · 정미수(2005), "의지조정전략과 행동통제성이 자기조절학습 능력 및 학업성취에 미치는 영향", 『학습자중심교과교육연구』, 152−171.

김홍원(1995), "자기−교시 훈련이 상위인지, 귀인양식 및 과제성취도에 미치는 영향", 성균관대학교 대학원 박사학위 논문.

김현자(2006), "현실요법을 적용한 한부모 가족−집단미술치료가 자아존중감과 내적 통제에 미치는 영향", 『미술치료연구』, 13(4), 861−892.

김희수(2007), "CSQ3Rs 독서 전략이 고등학생의 학습태도, 자기효능감 및 읽기 이해능력에 미치는 효과", 『교육심리연구』, 21(2), 477−496.

______(2008), "읽기 이해능력 학습전략 훈련이 중학생의 자기조절 학습기능 습득과 국어 교과 학업 성취에 미치는 효과: CSQ3Rs 학습전략을 중심으로", 『교육심리연구』, 22(2), 385−403.

라주섭(2007), "현실요법 집단상담이 초등학교 학습부진아의 성취동기 및 자아존중감에 미치는 효과", 전남대학교 교육대학원 석사학위 논문.

류창열(1985), "실업계 고등학교 학생의 성취동기와 그에 관련되는 변인", 서울대학교 대학원 박사학위 논문.

박경숙 · 이혜선(1976), "학업에 대한 자아개념, 태도, 학습습관 검사 개발에 관한 연구", 『한국교육』, 3(1), 89−99.

박금옥(1998), "청소년들의 자기조정학습방략 정도와 학업성취 및 사회적 능력 연구", 동아대학교 대학원 박사학위 논문.

박병기 · 정기수 · 김선미 · 이종욱(2005), "자기조절학습의 복합적 측정도구 개발과 타당화: 동기조절 척도의 통합을 중심으로", 『교육심리연구』, 19(2), 455−486.

박성은(2004), "학업능력 자아개념과 본질동기가 자기조절학습에 미치는 영향", 홍익대학교 대학원 박사학위 논문.

박성혜 · 김혜경 · 채우기 · 권균(1999), "학습동기에 따른 학습자의 개념 변화 효과", 『한국과학교육학회지』, 19(1), 91−99.

박숙경(2002), "현실요법을 적용한 행복증진 집단상담 프로그램 개발과 효과 검증", 홍익대학교 대학원 박사학위 논문.

박승호(1995), "초인지, 초동기, 의지통제와 자기조절학습의 관계", 『교육심리연구』, 9(2), 57−90.

박승호(2004), "자기조절학습과 동기: 초동기와 의지통제의 교육적 함의", 『교육방법연구』, 16(1), 95−114.

박한숙(2000), "학습기술 훈련이 초등학교 아동의 학습태도, 성취동기 및 학업성취에 미치는 영향", 부산대학교 대학원 박사학위 논문.

방선욱(2004), "자기조정학습의 교육적 의미에 관한 연구", 『청대학술논집』, 2, 512−531.

백승희(2002), "동기설계 수업 모형의 적용이 자기조절학습 능력에 미치는 효과", 국민대학교 대학원 박사학위 논문.

봉갑요(2004), "자기조절학습 프로그램이 독해부진아의 자기효능감과 독해력 향상에 미치는 영향", 서울여자대학교 대학원 박사학위 논문.

송기학(2001), "현실요법 군 집단상담의 효과", 단국대학교 대학원 박사학위 논문.

송상호(1998), "ARCS 모델에 대한 비판적 고찰: 가정, 특징, 그리고 이론적 쟁점들", 『교육공학연구』, 14(3), 155 – 176.

송인섭·박성윤(2000), "목표지향성, 자기조절학습, 학업성취와의 관계 연구", 『교육심리연구』, 14(2), 29 – 64.

심윤영(2006), "현실요법 집단상담이 초등학생의 내적 통제성 및 학습동기에 미치는 효과", 광주교육대학교 교육대학원 석사학위 논문.

심은영(2006), "다면적 표상 기반 전략 훈련이 수학 문장제 해결에 미치는 영향", 국민대학교 대학원 박사학위 논문.

양명희(2000), "자기조절학습의 모형 탐색과 타당화 연구", 서울대학교 대학원 박사학위 논문.

오귀남(2000), "현실요법을 적용한 예비교사 집단상담 프로그램 개발과 효과", 홍익대학교 대학원 박사학위 논문.

우애령(1994), "현실요법을 적용한 집단 사회사업 프로그램 개발", 연세대학교 대학원 박사학위 논문.

원동연(2005), "5차원 독서법과 학문의 9단계", 서울: 김영사.

유경호(2004), "ARCS 모델기반 자기조정학습 수업전략이 학습동기, 자기효능감, 학업성취에 미치는 효과", 고려대학교 대학원 박사학위 논문.

이신동(1999), "자기 조절 학습능력의 효과범위 탐색", 『교육심리연구』, 13(4), 47 – 66.

이신동·이경화(2002), "초인지 독해전략의 상보적 교수활동이 중학생 학습부진아의 독해력과 독해전이에 미치는 영향", 『교육심리연구』, 16(4), 397 – 422.

이재모(2006), "현실요법 집단상담 프로그램이 학교생활 부적응 청소년의 내외 통제성과 자아존중감 및 성취동기에 미치는 효과", 『청소년학연구』, 13(6), 127 – 150.

전명남(2003), "높은 학업성취 대학생의 학습전략과 수행 분석", 『교육심리연구』, 17(4), 1 – 28.

정미경(1999), "자기조절학습과 학업성취의 관계에 관한 구조모형 검증", 숙명여자대학교 대학원 박사학위 논문.

______(2002), "초등학교 고학년용 자기조절학습 검사의 타당화 연구", 『교육심리연구』, 16(4), 303 – 324.

정순례(1992), "현실요법에 근거한 학습방법이 중학생의 교과 및 학교에 대한 태도와 학업성취에 미치는 효과", 성균관대학교 대학원 박사학위 논문.

정영옥(2004), "현실요법 집단상담이 초등학생의 내적 통제성과 성취동기에 미치는 영향", 경인교육대학교 교육대학원 석사학위 논문.

정종진(1991), 『동기와 학습』, 서울: 성원사.

정탁희(1987), "수업 외 학습시간 투입의 동기요인과 효과 분석 연구", 고려대학교 대학원 박사학위 논문.

최세민(2001), "인지 – 초인지 전략을 활용한 귀인훈련이 학습장애 학생의 귀인양식과 정서 및 수학문장제 문제 해결에 미치는 영향", 『특수교육연구』, 36(2), 195 – 220.

최옥영(2005), "초등학생의 자기조절학습 전략 훈련 및 효과분석", 충남대학교 박사학위 논문.

Atwel, B. M.(1982). A study of teaching reality theory to adolescents for self – management. Unpublished doctoral dissertation, University of North Carolina at Greenboro.

Bandura, A.(1971). *Social learning theory*. New York: General Learning Press.

__________(1977). Self−efficacy: Toward unifying theory of behavioral change. *Psychological Review, 84*, 191−215.

__________(1981). Self−referent thought: A developmental analysis of self−efficacy. In J. Flavell & L. Ross(Eds.), Social cognitive development frontiers and possible futures(pp.200−239). New York: Cambridge University Press.

__________(1986). *Social foundations of thought and action: A social cognitive theory*. Englewood Cliffs, NJ: Prentice−Hall.

__________(1992). Social cognitive theory of social referencing. In S. Feinman(Eds.), Social referencing and social construction of reality in infancy(pp.175−208). New York: Plenum.

__________(1993). Perceived self−efficacy in cognitive development and functioning. *Educational Psychologist, 28*, 117−148.

__________(1995). On rectifying conceptual ecumenism. In J. E. Mddux(Ed), *Self−efficacy, adaptation and adjustment: theory, research and application*(pp.347−375). New York: Plenum.

__________(1997). *Self−efficacy: The exercise of control*. New York: Freeman.

Bartlett, F. C.(1932). *Remembering*. London: Cambridge University Press.

Bawman, J. E.(1981). Prediction of academic behaviors from four academic skills areas among more and less traditional black students. The University of Michigan, DA 8125074.

Belfiore, P. J., & Hornyark, R. S.(1998). Operant theory and application to self−monitoring in adolescents. In D. H. Schunk & B. J. Zimmerman(Eds.). *Self−regulated learning: From teaching to self reflective practice*(pp.184−202). New York: The Guilford Press, A Division of Guilford Publication, Inc.

Bianco, L., & McCormick, S.(1989). Analysis of effects of a reading study skill program for high school learning−disabled students. *The Journal of Educational Research, 82*, 282−288.

Biemiller, A., Shany, M., Inglis, A., & Meichenbaum, D.(1998). Factors influencing children's acquisition and demonstration of self−regulation on academic tasks. In D. H. Schunk & B. J. Zimmerman(Eds.). *Self−regulated learning: From teaching to self reflective practice*(pp.203−224). New York: The Guilford Press, A Division of Guilford Publication, Inc.

Bouffard−Bouchard, T.(1990). Influences of self−efficacy on performance in a cognitive task. *Journal of Social Psychology, 19*, 353−363.

Britton, B. K., & Tesser, A.(1991). Effects of time management practices on college grades. *Journal of Educational Psychology, 83*, 405−410.

Broden, M., Hall, R. V., & Mitts, B.(1977). The effect of self recording on the class behavior of two eighth−grade students. *Journal of Applied Behavior Analysis 4*, 191−199.

Brown, A. L.(1978). Knowing when, where, and how to remember: A problem of metacognition. In R. Glaser(Ed.). *Advances in instructional psychology*(vol.1. pp.77−145). Hillsdale NJ: Erlbaum.

Brown, A. L.(1987). *Metacognition, executive control, self−regulation and other more mysterious mechanism*. Hillsdale, NJ: Lawrence Erlbaum Associate.

Brown, W. F., & Holtzman, W. H.(1967). Forms C and H in *Survey of Study Habits and attitudes*. New York: The Psychological Corporation.

Brown, R. & Pressley, M.(1994). Self−regulated reading and getting meaning from text: The transactional strategies instruction model and its ongoing validation. In D. Schunk & B. Zimmerman(Eds.), *Self −regulation of learning and performance*. Hillsdale, NJ: Lawrence Erlbaum Associates.

Brunstein, J. C. & Olbrich, E.(1985). Personal helplessness & action control: Analysis of achievement −related cognitions, self −assessment & performances. *Journal of Personality & Social Psychology. 48*. 1540 −1551.

Castagna, S. A., & Codd, J. M.(1984). High school study skills: Reasons and techniques for counselor involvement. The School Counselor, 37 −42.

Chambers, C., & McLaughlin, T.(1994). An evaluation of a Glasser quality classroom: No effects on achievement in mathematics but on attitude toward school. *Perceptual and Motor Skills, 78*, 478

Collins, C.(1991). Reading instruction that increases thinking ability. *Journal of Reading, 34*, 510 −516.

Corno, L.(1986). The metacognitive control components of self −regulated learning. *Contemporary Educational Psychology, 11*, 333 −346.

__________(1993), The best −laid plans: Modern conceptions of volition and educational research. *Educational Researcher, 22*, 14 −22.

__________(2001). Volitional aspect of self −regulated learning. In B. J. Zimmerman & D. H. Shunk(Ed.). *Self −regulated learning and academic achievement: Theoretical Perspective(2nd ed)*(pp.191 −225). New York: Lawrence Erlbaum Associates.

Corno, L., & Mandinach, E. B.(1983). The role of cognitive engagement in classroom learning and motivation. *Educational Psychologist, 18*, 88 −108.

Delucchi, J. J., Rohwer, W. D., & Thomas, J. W.(1987). Study time allocation as a function of grade level and course characteristics. *Contemporary Educational Psychology, 12*, 365-380.

Driskell, J. L., & Kelly, E. L.(1980). A guided notetaking and study skills system for use with university freshman predicted to fail. Journal of reading, 327 −331.

Eccles, J. S., Abler, T., Futterman, R., Goff, S., Kaczala, C., Meece, J., & Midgley, C.(1983). Expectancies, values, and academic behavior. In J. T. Spence(Ed), *Achievement and achievement motives: Psychological and sociological approaches*(pp.75 −146). San Francisco: W. H. Freeman.

Eccles, J. S., & Midgley, C.(1989). Stage environment fit: Developmentally appropriate classroom for early adolescents. In C. Ames & R. Ames(Eds). *Research on motivation in education, Vol 3*: Goals and cognition(pp.139 −186). New York: Academic Press.

Evans, W.(1984). Test −wiseness: An examination of cue −using strategy. *Journal of Experimental Education*, 141 −144.

Flavell, J. H.(1979). *Cognitive development*. Englewood Cliffs, NJ: Prentice −Hall Inc.

____________(1997). Metacognition and cognitive monitoring. *American Psychologist, 34*, 906 −911.

Floyd. C.(1990). *The quality world activity kit: Reality therapy group program*. New York: Harper & Row.

Gaa, J.(1973). Effect of individual goal −setting conferences on achievement, attitude, and goal −setting behavior. *Journal of Experimental Education, 42*, 22 −28.

Gilbreath, S. H.(1967). Group counseling, dependence, and college male underachievement. Journal of Counseling Psychology, 14, 449 −453.

Glasser, W.(1996). A diagram of the brain as a control system. Chatsworth, CA: The William Glasser

Institute.

__________(1998a). *Choice theory: A new psychology of personal freedom.* New York: HarperCollins Publishers.

__________(1998b). *The quality school: Managing students without coercion.* New York: HarperCollins Publishers.

Graham, S., & Baker, G. P.(1990). The down side of help: An attributional−developmental analysis of helping behavior as a low−ability cue. *Journal of Educational Psychology, 82,* 7−14.

Graham, S., & Harris, K. R.(1989a). Components analysis of cognitive strategy instruction: Effects on learning disabled student' compositions and self−efficacy. *Journal of Educational Psychology, 81,* 352−361.

______________________________(1989b). Improving learning disabled students' skills at composing essays: Self−instructional strategy training. *Exceptional Children, 56,* 201−214.

Hackett, G.(1995). Self−efficacy in career choice and development. In A. Bandura(Ed). *Self−efficacy in changing societies*(pp.232−258). New York: Cambridge University Press.

Hackett, G., & Betz, N.(1992). Self−efficacy perceptions and the career−related choices of college students. In D. Schunk & J. Meece(Eds.), *Students perceptions in the classroom*(pp.229−246). Hillsdale NJ: Lawrence Erlbaum Associates.

Harackiewicz, J., Manderlink, G., & Sansone, C.(1992). Competence processes and achieve motivation: Implications for intrinsic motivation. In A. Boggiano & T. Pittman(Eds.), *Achievement and Motivation: A social−development perspective*(pp.115−137). New York: Cambridge University Press.

Harris, G., & Johnson, S. B.(1980). Comparison of individual covert modeling, self−control desensitization, and study skills training for alleviation of test anxiety. *Journal of Consulting and Clinical Psychology, 48,* 186−194.

Harris, G., & Trujillo, A. E.(1975). Improving study habits of junior high school students through self−management versus group discussion. *Journal of Counseling Psychology, 22,* 513−519.

Hattie, J., Biggs, J., & Purdie, N.(1996). Effects of learning skills interventions on student learning: A meta−analysis. *Review of Educational Research, 66,* 99−136.

Herman, D.(1970), *Children's motivation.* N.Y.: Plenum Press, Inc.

Hofer, B. K., Yu, S. L., & Pintrich P. R.(1998). Teaching college students to be self−regulated learners. In D. H. Schunk & B. J. Zimmerman(Eds.). *Self−regulated learning: From teaching to self reflective practice*(pp.57−85). New York: The Guilford Press, A Division of Guilford Publication, Inc.

Hom, H., & Murphy, M.(1985). Low need achievers' performance: The positive impact of a self−determined goal. *Personality and Social Psychology Bulletin, 11,* 275−285.

Howard−Dose., & Winne, P. H.(1993). Measuring components and sets of cognitive process in self−regulated learning. *Journal of Educational Psychology, 85*(4), 591−604.

Jackson, B. & Van Zoost, B.(1972). Changing study behaviors through reinforcement contingencies. *Journal of Counseling Psychology, 19,* 192−195.

Jackson, B. & Van Zoost, B.(1974). Self−regulated teaching of others as a means of improving study habits. *Journal of Counseling Psychology, 19,* 192−195.

Karabenick, S. A., & Knapp, J. R.(1988). Help−seeking and need for academic assistance. *Journal of*

Educational Psychology, 80, 406 – 408.

__________________________(1991). Relationship of academic help seeking to the use of learning strategies and other instrumental achievement behavior in college students. *Journal of Educational Psychology, 83,* 221 – 230.

Keller, J. M.(1983). Motivation design of instruction. In C. M. Reigeluth(ED.), Instructional – design theories and models: An overview of their current status. Hillsdale, NJ: Lawrence Erlbaum Associates.

Kuhl, J.(1984). Volitional aspects of achievement motivation and learned helplessness: Tword a comprehensive theory of action – control. In B. Maher(Eds.), *Progress in experimental personality research Vol.13.* NY: Academic Press.

________(1985). Volitional mediators of cognition – behavior consistency: Self – regulatory processes and action versus state orientation. In J. Kuhl & J. Beckmann(Eds.). *Action control*(pp.101 – 128). New York: Springer.

Lave, J.(1993). The practice of learning. In S. Chaiklin & J. Lave(Eds.), *Understanding practice: Perspectives on activity and context*(pp.3 – 32). New York: Cambridge University Press.

Loke, E., & Latham, G.(1990). *A theory of goal setting and task performance.* Englewood Cliffs NJ: Prentice Hall.

__________________(1994). Goal setting theory. In H. O'Neil & M. Drillings(Eds.), Motivation: Theory and research(pp.13 – 29). Hillsdale, NJ: Lawrence Erlbaum Associates.

Macan, T. H., Shabani, C., Dipboye, R. L., & Phillips, A. P.(1990). College student' time management: Corelations with academic performance and stress, *Journal of Educational Psychology, 82,* 760 – 768.

McCaslin, M., & Hickey, D. T.(2001). Self – regulated learning and academic achievement: A Vygotskian view. In B. J. Zimmerman & D. H. Shunk(Ed.). *Self – regulated learning and academic achievement: Theoretical Perspective(2nd ed)*(pp.227 – 252). New York: Lawrence Erlbaum Associates.

Mace, F. C., Belfiore, P. J., & Hutchinson, J. M.(2001). Operant theory and research on self – regulation. In B. J. Zimmerman & D. H. Shunk(Ed.). *Self – regulated learning and academic achievement: Theoretical Perspective(2nd ed)*(pp.39 – 65). New York: Lawrence Erlbaum Associates.

McClelland, D. C.(1976). Achievement motive. New York: Invingyon Pub. co.

McClelland, D. C., Atkinson, J. W., Clark, R. A., & Lowell E. L.(1953). *The achievement motive.* New York: Appleton – Century – Crafts, Inc.

McCombs, B. L.(1989). Self – regulated learning and academic achieve: A Phenomenological view. In B. J. Zimmerman & D. H. Shunk(Ed.). *Self – regulated learning and academic achievement: Theory, research, and practice.* NY: Springer – Verlag.

McCombs, B. L. & Marzano.(1990). Putting the self – regulated learning: The self as agent in integrating will and skill. *Educational Psychologist, 25,* 51 – 69

McComic, L., & Schiefelbusch, R. L.(1990). *Early language intervention.* Columbus: Merrill Publishing Company.

McDevitt, J. F.(1978). *The effects of a study skills workshop in time management on selected achievement variables for college students enrolled in an introductory chemistry course.* Doctorial Dissertation, University of Maryland.

McFall, R. M.(1970). The effects of self – monitering on normal smoking behavior. *Journal of Consulting and Clinical Psychology, 37,* 80 – 86.

McKeachie, W. J., Pintrich, P. R. & Lin, Y.(1985). Teaching learning strategies. *Educational Psychologist, 20*, 153 – 160.

Misiac, H., & Sexton, V. S.(1966). History of psychology. New York: Grune & Stratton).

Mish, F. C.(Ed.)(1988). *Websters Ninth Collegiate Dictionary*. Springfield, MA: Merriam Webster

Montague, M.(1997). Cognitive strategy instruction in mathematics for students with learning disabilities. *Journal of Learning Disabilities, 30*, 164 – 177.

Morgan, R. S.(1985). Self – monitoring of attained subgoals on private study. *Journal of Educational Psychology, 77*, 623 – 630.

Paris, S. G., & Byrnes, J. P.(1989). The constructive approach to self – regulation and learning in the classroom. In D. Schunk & D. Zimmerman(Eds). *Self –regulation of learning and performance: Issues and educational applications.* Hillsdale, NJ: Lawrence Erlbaum Associates.

Paris, S. G., Byrnes, J. P., & Paris, A. H.(2001). Constructing theories, Identities, and action of self – regulated Learners. In B. J. Zimmerman & D. H. Shunk(Ed.). *Self –regulated learning and academic achievement: Theoretical Perspective(2nd ed)*(pp.253 – 287). New York: Lawrence Erlbaum Associates.

Paris, S. G., Lipson, M. Y., & Wixson, K. K.(1983). Becoming strategic leader. *Contemporary Educational Psychology, 8*, 29 – 316.

Peterson, P. L., Swing, S. R., Braverman, M. T., & Buss, R.(1982). Student' aptitudes and their reports of cognitive processes during direct instruction, *Journal of Educational psychology, 74*, 535 – 547.

Peterson, A., & Woodward, G.(1994). Pete's pathogram drug as a tool to measure the success of the CHOICE education program, *Journal of Reality Therapy, 14(1)*, 88 – 93

Piaget, J.(1952). *The origines of intelligence in children.* New York: International Universities Press.

Pintrich, P. R.(1989). The dynamic interplay of student motivation and cognition in the college classroom. In C. Ames & M. Machr(Eds.), *Advanced in motivation and achievement: Motivation enhancing environment*, 117 – 160. Greenwich, CT: J al Press.

Pintrich, P. S., & DeGroot, E. V.(1990). Motivational and self – regulated learning components of classroom academic performance. *Journal of Education, 82(1)*, 33 – 40.

Pintrich, P. S., Marx, R. W., & Boyle, R. A.(1993). Beyond cold conceptual change: The role motivational beliefs and classroom contextual factors on the process of conceptual change. *Review of Educational Research, 63*, 167 – 199.

Powers, W.(1973). Behavior: The control of perception. Chicago: Aldine.

Prather, D. C.(1983). A behaviorally oriented the study skills program. *Journal of Experimental Education, 51*, 131 – 133.

Pressley, M.(1986). The relevance of the good strategy user model to the teaching of mathematics. *Educational Psychologist, 21*, 139 – 161.

Richards, C. S., McReynolds, W. T., Holt, S., & Sexton, T.(1976). Effects of information feedback and self – administered consequences on self – monitoring study behavior. *Journal of Counseling Psychology, 23*, 316 – 321.

Robyak, J. E., & Patton, M. J.(1977). The effectiveness of a study skills course for students of different Personality types. Journal of College Psychology, 24, 200 – 207.

Robyak, J. E., & Sherrard, P. A.(1978). A modular study skills program. *Journal of College Student Personnel,*

470 – 471.

Rogoff, B.(1990). *Apprenticeship in thinking: Cognitive development in social context.* New York: Oxford University.

Schunk, D. H.(1982). Effects of effort attributional feedback on children's perceived self – efficacy and achievement. *Journal of Educational Psychology, 74,* 548 – 556.

_____________(1984). Self – efficacy perspective on achievement behavior. *Educational Psychologist, 19,* 48 – 58.

_____________(1985). Participation in goal setting: Effects on self – efficacy and skills of learning disabled children. *Journal of Special Education, 19,* 307 – 317.

_____________(1989). Self efficacy and cognitive skill learning. In R. Ames & C. Ames(Eds.). *Research on Motivational in Education,* Vol.3: Goals and cognition(pp.13 – 44). Academic Press.

_____________(1990). Goal setting and self – efficacy during self – regulated learning. *Educational Psychologist, 25,* 71 – 86.

_____________(1991). Goal setting and self evaluation: A social cognitive perspective on self – regulation. In M. Maehr & P. Pintrich(Eds.), *Advances in motivation and achievement*(vol.7, pp.85 – 113). Greenwich, CT: JAI Press.

_____________(2001). Social cognitive theory and self – regulated learning. In B. J. Zimmerman & D. H. Shunk(Ed.). *Self –regulated learning and academic achievement: Theoretical Perspective(2nd ed)*(pp.125 – 151). New York: Lawrence Erlbaum Associates.

Schunk, D. H., & Cox, P. D.(1986). Strategy training and attributional feedback with disabled students, *Journal of Educational Psychology, 78,* 201 – 209.

Schunk, D. H., & Gunn, T. P.(1986). Self – efficacy and skill development: Influence of task strategies and attributions. *Journal of Educational Research, 79,* 238 – 244.

Schunk, D. H., Hanson, A. R., & Cox, P. D.(1987). Peer – model attributes and children's achievement behaviors. *Journal of Educational Psychology, 79,* 54 – 61.

Seigler, R. S., & Richards, D. D.(1983). The development of two concepts. In C. J. Brainerd(Ed.), *Recent advanced cognitive –developmental theory: Progress in cognitive development research*(pp.51 – 121). New York: Springer – Verlag.

Sexton, T., & Tuckman, B.(1991). Self – beliefs and behavior: The role of self – efficacy and outcome expectation over time. *Personality and Individual Differences, 12,* 725 – 736.

Slowic, C. A., Omizo, M. M., & Hammet, V. L.(1984). The effect of reality theory process on locus of control and self concepts among Mexican – American adolescents. *Journal of Reality Theory, Vol.3(2),* 1 – 9.

Stipek, D.(2002). *Motivation to learn: Integrating theory and practice(4th ed.).* Boston, Massachusetts: A Pearson Education Company.

Stuart, R. B.(1967). Behavioral control over eating. *Behavior Research and Therapy, 5,* 357 – 365

Thatcher, J. A.(1983). *The effects of Reality Therapy upon self –concept and locus of control for juvenile delinquents,* Doctoral Dissertation, Kent State University.

Walter, T., & Sievert, A.(1981). A student success: How to do better in college and still have time for your friends(2nd ed). New York: Holt, Rinehart and Winston.

Wang, M,. & Palincsar, A.(1989). Teaching students to assume an active role in their learning. In M.,

Reyolds(Ed.), *Knowledge base for the beginning teacher*(pp.71-84). New York: Pergamon Press.

Weinstein, C. E. & Mayer, R. E.(1986). The teaching of learning strategies. In M. C. Wittrock(Eds.). *Handbook of research on teaching(3rd)*(pp.315-375). New York: Macmillan Publishing Company.

Wentzel, K.(1989). Adolescent classroom goals, standard for performance, and academic achievement: An interactionist perspective. *Journal of Educational Psychology, 81*, 131-142.

__________(1991). Social and academic goals at school: Motivation and achievement in context. In M. Maehr & P. Pintrich(Eds), *Advances in motivation and achievement, Vol.7*(pp.185-212). Greenwich, CT: JAI Press.

White, R.(1959). Motivation reconsidered: The concept of competence. *Psychological Review, 6*, 49-78.

Winne, P. H.(2001). Self-regulated learning view from models of information processing. In B. J. Zimmerman & D. H. Shunk(Ed.). *Self-regulated learning and academic achievement: Theoretical Perspective(2nd ed)*(pp.153-189). New York: Lawrence Erlbaum Associates.

Wolters, C. A.(1996). Issues in self-regulated learning: Metacognition, conditional knowledge and the regulation of motivation. Unpublished doctoral dissertation, University of Michigan.

__________(1998). Self-regulated learning and college students' regulation of motivation. *Journal of Educational Psychology, 90*, 224-235.

Wubbolding, E. R.(1988). *Using reality therapy*. New York: Haper & Row.

Yarish, P.(1986). Reality therapy and the locus of control of juvenile offenders. *Journal of Reality Therapy, 6(1)*, 3-10.

Van Zoost, B. & Jackson, B.(1974). Effects of self-monitoring and self-administered reinforcements on study behaviors. *The journal of Educational Research, 67*, 216-218.

Vygotsky, L. S.(1962). *Thought and language*(E. Hanfman & G. Vakar, Eds.). Cambridge, MA: MIT Press.

Zimmerman B. J.(1986). Becoming a self-regulated learner: Which are the key subprocess? *Contemporary Educational Psychology, 11*, 307-313.

__________(1989). A social cognitive view of self-regulated academic learning. *Journal of Educational Psychology, 81(3)*, 329-339.

__________(1990). Self-regulated learning and academic achievement: An overview. *Educational Psychologist, 25(1)*, 3-17.

__________(1995a). Self-efficacy and educational development. In A. Bandura (Ed). *Self-efficacy in changing societies*(pp.202-231). New York: Cambridge University Press.

__________(1995b). S · R involves more than metacognition: A social cognitive perspective. *Educational Psychologist, 30*, 271-221.

__________(1998). Developing self-fulfilling cycles of academic regulation: An analysis of exemplary instructional models. In B. J. Zimmerman & D. H. Shunk(Eds.). *Self-regulated learning: From teaching to self reflective practice*(pp.1-19). New York: The Guilford Press, A Division of Guilford Publication, Inc.

__________(2001). Theories of self-regulated learning and academic achievement: An overview and analysis. In B. J. Zimmerman & D. H. Shunk(Ed.). *Self-regulated learning and academic achievement: Theoretical Perspective(2nd ed)*(pp.1-37). New York: Lawrence Erlbaum Associates.

Zimmerman B. J., & Bandura, A.(1994). Impact of self-regulatory influences on writing course attainment. *American Educational Research Journal, 31*, 845-862.

Zimmerman B. J., Bandura, A., & Martinez-Pons, M.(1992). Self-motivation for academic attainment: The role of self-efficacy beliefs and personal goal setting, *American Education Research Journal, 29*, 663-676.

Zimmerman B. J., & Kitsantas, A.(1997). Developmental phases in self-regulation: Shifting from process to outcome goals. *Journal of Educational Psychology, 89*, 29-36

Zimmerman B. J., & Martinez-Pons, M.(1986). Development of the structures interview for assessing student use of self-regulated learning strategies. *American Educational Research Journal, 23*, 614-628.

_______________________________(1989). Construct validation of a strategy model of student self-regulated learning, *Journal of Educational Psychology, 80*, 51-59.

_______________________________(1990). Student Differences in self-regulated learning: Relating grade, sex, and giftedness to self-efficacy and strategy use. *Journal of Educational Psychology, 82*, 51-59.

부 록

부록 1. 성취동기 검사의 요인분석 결과

1) 성취동기 예비검사[2])의 상관행렬

문항 번호	V1	V2	V3	RV4	RV5	RV6	RV7	V8	RV9	RV10	V11	RV12	V13	RV14
V1	1.000	.194	.299	.283	.398	.193	.282	.201	.195	.122	.113	.353	.368	−.006
V2	.194	1.000	.446	.262	.237	.298	.220	.082	.345	.200	.287	.197	.121	.108
V3	.299	.446	1.000	.255	.298	.273	.287	.207	.262	.316	.258	.149	.320	.126
RV4	.283	.262	.255	1.000	.231	.267	.335	.123	.237	.307	.159	.105	.223	.054
RV5	.398	.237	.298	.231	1.000	.293	.406	.143	.387	.313	.115	.189	.362	−.006
RV6	.193	.298	.273	.267	.293	1.000	.474	−.048	.268	.173	.348	.204	.177	.012
RV7	.282	.220	.287	.335	.406	.474	1.000	.073	.379	.157	.292	.253	.271	.010
V8	.201	.082	.207	.123	.143	−.048	.073	1.000	.102	.220	.036	.080	.196	.123
RV9	.195	.345	.262	.237	.387	.268	.379	.102	1.000	.149	.338	.228	.283	.011
RV10	.122	.200	.316	.307	.313	.173	.157	.220	.149	1.000	.180	−.037	.144	.008
V11	.113	.287	.258	.159	.115	.348	.292	.036	.338	.180	1.000	.087	.139	−.09
RV12	.353	.197	.149	.105	.189	.204	.253	.080	.228	−.037	.087	1.000	.178	.095
V13	.368	.121	.320	.223	.362	.177	.271	.196	.283	.144	.139	.178	1.000	.048
RV14	−.006	.108	.126	.054	−.006	.012	.010	.123	.011	.008	−.09	.095	.048	1.000
V15	.085	.220	.156	.238	.182	.284	.273	.223	.135	.099	.188	.256	.238	.021
V16	.105	.191	−.001	.142	−.005	.010	−.067	−.085	.030	−.053	−.008	.156	.120	.237
RV17	.202	.098	.029	.165	.270	.072	.097	.261	.002	.082	−.051	.217	.122	.069
RV18	.074	.008	.082	.063	−.055	−.066	.012	.207	−.018	−.057	.015	.097	.101	.390
V19	.254	.091	.222	.042	.089	.016	.140	.133	.154	.177	.101	.142	.274	−.227
V20	.038	.180	.204	.142	.096	.098	.114	.045	.195	.283	.183	.169	.076	−.139
V21	.095	.164	.134	.186	.313	.385	.275	.025	.216	−.081	.150	.266	.078	−.088
RV22	.615	.059	.299	.230	.398	.159	.152	.309	.322	.075	.097	.292	.332	.123
V23	.283	.233	.298	.398	.363	.359	.402	.195	.283	.279	.146	.204	.237	.047
RV24	.012	.229	.231	.226	.093	.193	.226	.022	.245	.136	.188	.152	.049	.119
RV25	.108	−.041	.100	−.038	.073	.001	−.021	.083	.016	.067	−.044	.056	.065	.125
RV26	.073	.377	.246	.179	.154	.475	.347	−.071	.249	.191	.316	.129	.193	.110
RV27	.488	.194	.373	.247	.474	.268	.427	.045	.381	.117	.112	.298	.407	−.029
V28	.091	.189	.191	.181	.197	.121	.127	−.015	.119	.057	.115	.150	.232	.013

(상관계수)

---

2) 예비검사에서는 박한숙(2000)의 초등학교 고학년용 성취동기 검사를 사용하였다.

문항 번호		V15	V16	RV17	RV18	V19	V20	V21	RV22	V23	RV24	RV25	RV26	RV27	V28
	V1	.085	.105	.202	.074	.254	.038	.095	.615	.283	.012	.108	.073	.488	.091
	V2	.220	.191	.098	.008	.091	.180	.164	.059	.233	.229	−.041	.377	.194	.189
	V3	.156	−.001	.029	.082	.222	.204	.134	.299	.298	.231	.100	.246	.373	.191
	RV4	.238	.142	.165	.063	.042	.142	.186	.230	.398	.226	−.088	.179	.247	.181
	RV5	.182	−.005	.270	−.055	.089	.096	.313	.398	.363	.093	.073	.154	.474	.197
	RV6	.284	.010	.072	−.066	.016	.098	.385	.159	.359	.193	.001	.475	.268	.121
	RV7	.273	−.067	.097	.012	.140	.114	.275	.152	.402	.226	−.021	.347	.427	.127
	V8	.223	−.085	.261	.207	.133	.045	.025	.309	.195	.022	.083	−.071	.045	−.015
	RV9	.135	.030	.002	−.018	.154	.195	.216	.322	.283	.245	.016	.249	.381	.119
	RV10	.099	−.053	.082	−.057	.177	.283	−.081	.075	.279	.136	.067	.191	.117	.057
	V11	.188	−.008	−.051	.015	.101	.183	.150	.097	.146	.188	−.044	.316	.112	.115
	RV12	.256	.156	.217	.097	.142	.169	.266	.292	.204	.152	.056	.129	.298	.150
	V13	.238	.120	.122	.101	.274	.076	.078	.332	.237	.049	.065	.193	.407	.232
상 관	RV14	.021	.237	.069	.390	−.227	−.139	−.038	.123	.047	.119	.125	.110	−.029	.013
계 수	V15	1.000	−.076	.098	.143	.044	−.035	.327	.069	.236	−.056	.143	.222	.147	.153
	V16	−.076	1.000	.140	.108	−.095	.031	.005	.105	−.046	.206	−.050	.096	−.001	−.009
	RV17	.098	.140	1.000	.244	.026	−.068	.007	.283	.118	.067	.264	−.022	.079	−.039
	RV18	.143	.108	.244	1.000	−.046	−.174	−.077	.177	.024	.082	.147	.003	−.002	−.077
	V19	.044	−.095	.026	−.046	1.000	.521	.098	.223	.001	.105	−.042	.028	.316	.012
	V20	−.035	.031	−.068	−.174	.521	1.000	.058	.163	.062	.150	−.150	.164	.220	.038
	V21	.327	.005	.007	−.077	.098	.058	1.000	.021	.187	.144	−.085	.192	.163	.083
	RV22	.069	.105	.283	.177	.223	.163	.021	1.000	.231	−.002	.217	−.004	.471	.031
	V23	.236	−.046	.118	.024	.001	.062	.187	.231	1.000	.076	.060	.285	.354	.199
	RV24	−.056	.206	.067	.082	.105	.150	.144	−.002	.076	1.000	−.171	.081	−.001	.036
	RV25	.143	−.050	.264	.147	−.042	−.150	−.085	.217	.060	−.171	1.000	−.118	−.073	−.204
	RV26	.222	.096	−.022	.003	.028	.164	.192	−.004	.285	.081	−.118	1.000	.127	.058
	RV27	.147	−.001	.079	−.002	.316	.220	.163	.471	.354	−.001	−.073	.127	1.000	.165
	V28	.153	−.009	−.039	−.077	.012	.038	.083	.031	.199	.036	−.204	.058	.165	1.000

주(註) 1. R: 역채점 문항
주(註) 2. 상관이 낮은 16번, 25번, 28번은 본검사에서 제외됨

2) 성취동기 본검사의 KMO 측도와 Bartlett의 구형성 검정결과

항목		값
표준형성 적절성의 Kaiser−Meyer−Olkin 측도		.741
Bartlett의 구형성 검정	근사 카이제곱	934.052
	자유도	300
	유의확률	.000

3) 성취동기 본검사의 설명된 총분산

요인	초기 고윳값			추출 제곱합 적재값			회전 제곱합 적재값		
	전체	% 분산	% 누적	전체	% 분산	% 누적	전체	% 분산	% 누적
1	5.610	22.441	22.441	5.000	20.002	20.002	3.031	12.124	12.124
2	2.166	8.662	31.103	1.569	6.275	26.277	2.924	11.695	23.819
3	1.898	7.591	38.694	1.299	5.197	31.474	1.571	6.286	30.105
4	1.554	6.214	44.909	.892	3.567	35.041	1.234	4.936	35.041
5	1.287	5.150	50.058						
6	1.176	4.705	54.764						
7	1.098	4.393	59.157						
8	.908	3.633	62.790						
9	.870	3.479	66.269						
10	.854	3.417	69.686						
11	.796	3.185	72.871						
12	.774	3.097	75.968						
13	.719	2.874	78.843						
14	.662	2.649	81.492						
15	.628	2.512	84.004						
16	.611	2.445	86.449						
17	.519	2.074	88.523						
18	.502	2.008	90.531						
19	.479	1.916	92.447						
20	.413	1.652	94.099						
21	.381	1.523	95.623						
22	.356	1.422	97.045						
23	.322	1.289	98.333						
24	.223	.892	99.225						
25	.194	.775	100.000						

주(註). 추출 방법: 주축요인 추출

4) 성취동기 본검사의 스크리 도표

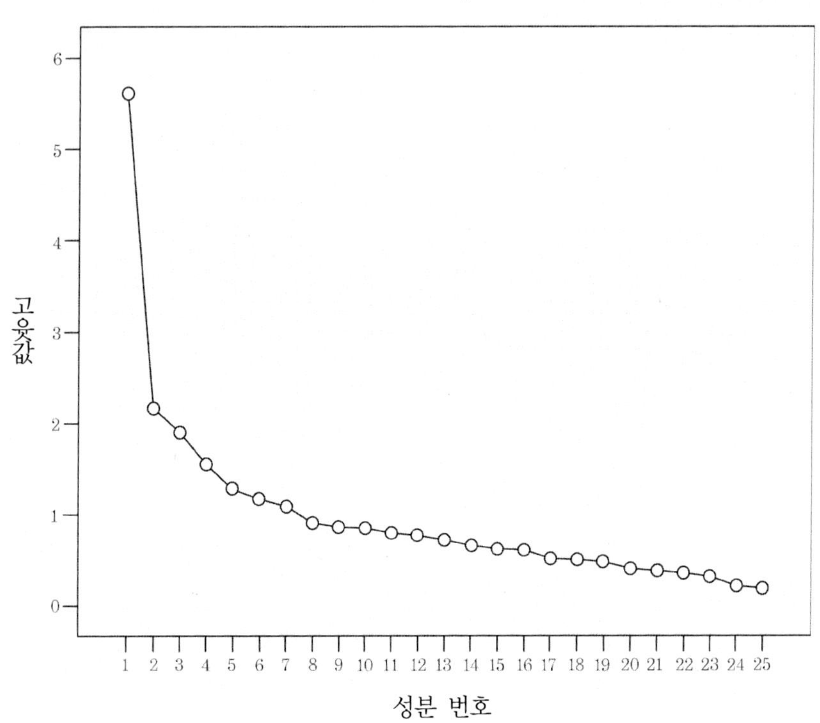

5) 성취동기 본검사의 표준화 적합성 측도(MSA)

문항	1	2	3	4	5	6	7	8	9	10	11	12
MSA	.736	.719	.838	.748	.746	.816	.834	.647	.792	.612	.846	.718

문항	13	14	15	16	17	18	19	20	21	22	23	24	25
MSA	.831	.545	.700	.589	.615	.604	.587	.610	.683	.898	.635	.795	.858

6) 성취동기 본검사의 회전된 요인 행렬

문항	요인			
	1 (목표달성 의욕)	**2** (학교과업 수행욕구)	**3** (성취행동 지각)	**4** (지위상승 욕구)
6. 결심한 것의 성취 정도	.702	.141	.027	−.078
7. 목표 미도달 시 나의 행동	.593	.316	.077	−.048
24. 일의 마무리 정도	.587	−.045	.166	.014
22. 아버지 공장 대 이어 발전	.462	.321	.065	.110
20. 지치지 않고 일하는 정도	.453	.146	−.075	−.144
11. 숙제 중단 후 재시작 소요시간	.425	.008	.268	.003
9. 숙제의 힘든 정도	.414	.297	.240	−.026
15. 어려운 일의 극복 정도	.395	.161	−.040	.130
4. 자신에게 바라는 달성 정도	.376	.240	.179	.160
21. 선생님과의 관계 중요성	−.019	.739	.135	.211
1. 선생님과 함께 일하기 선호도	.111	.708	.074	.080
25. 일에 대한 싫증 정도	.253	.668	.143	−.145
5. 공부시간 참여 정도	.365	.537	.062	−.006
13. 일하지 않는 것에 대한 인식	.199	.465	.158	.090
12. 학교에서 큰 책임 수행 의욕	.238	.361	.033	.063
19. 바쁜 정도	.042	.107	.666	−.267
18. 여유시간 정도	−.087	.327	.535	−.239
10. 성적 기준의 높이	.201	.091	.424	.103
3. 남들이 인식하는 나	.344	.270	.415	.190
2. 친구들이 인식하는 나	.472	.055	.319	.146
23. 학교생활의 욕심 정도	.258	−.042	.265	.125
17. 사회적 성공인 존경 정도	−.035	.086	−.051	.584
14. 지위 상승의 중요성	.087	−.042	−.045	.527
8. 살아가는 데 있어 인내의 중요성	−.032	.274	.173	.369
16. 열심히 공부하는 친구 부러움	.018	.299	−.042	.312

부록 2. 동기조절 영역의 프로그램 예시

내가 좋아하는 것! 내가 잘하는 것!

1. 영역

동기조절(2/4)

2. 목표

가. 자신의 좋은 세계(quality world)를 안다.

나. 자신이 좋아하는 것과 잘하는 일을 바탕으로 자신에게 맞는 직업을 세 가지 정도 찾을 수 있다.

3. 준비물

활동지 1(내가 좋아하는 것과 잘하는 일), 활동지 2(이런 것이 필요해요), 인터넷 검색이 가능한 환경(1인 1컴퓨터), A4 용지(참여자 수만큼)

4. 활동 전개(50분)

가. 도입활동(5분)

■ 전시 활동 상기

• 인간의 다섯 가지 기본욕구를 회상한다.

• 나의 욕구 강도는 어떻게 나타났는지 발표한다.

• 나에게 맞는 학습 스타일을 발표한다.

- 스스로 정하여 실천한 일에 대하여 발표한다.

■ 오늘의 활동 목표 알아보기

- 자신에게 이루어지기를 바라는 좋은 모습들을 이해한다.
- 자신이 좋아하는 것과 잘하는 일을 바탕으로 자신에게 맞는 직업을 세 가지 정도 찾을 수 있다.

나. 중심활동(40분)

■ 좋은 세계(Quality World) 알아보기(10분)

- 계란화를 그려 발표한다(붙임 활동 참고자료 참조).
- A4 용지를 나누어 주고, 넓은 면을 기준으로 반으로 접게 한다.
- "A4 용지 왼편에 원하는 모양의 알을 그리세요."
- "지금 이 알에서 뭔가 태어나려고 해요. 그러니까 당신이 이 알에 금을 그려 넣어 태어나는 것을 도와주시겠어요?"
- "이 알에서는 당신이 원하는 것은 무엇이라도 태어날 수 있어요. 당신이 알에서 나왔으면 좋겠다고 생각하는 것을 계란껍질과 함께 A4 용지 오른편에 그려 주세요."
- 어떤 그림인지 발표한다.
- 이러한 바람은 나의 어떤 욕구와 관련이 있는지 발표한다.
- 자신에게 이루어지기를 바라는 좋은 모습들은 어떤 것인지 이야기한다.
- 같이 있고 싶은 사람의 모습은?
- 갖고 싶은 물건은?
- 하고 싶은 일은?

┌───┐
│ ※ 유의사항   │
│ - 좋은 세계(quality world)라는 어려운 개념을 직접 지도하면 초등학생들이 어려워할 │
│   수 있다. 그러므로 이 개념을 직접 지도할 것이 아니라 개념의 핵심요소를 경험할   │
│   수 있도록 지도한다.   │
└───┘

- 이러한 것들이 실제로 이루어졌다고 가정해 보자. 나의 표정과 행동은 어떤 모습일까?

■ 자신이 좋아하는 것과 잘하는 일 찾기(15분)
- 자기가 잘하는 것과 좋아하는 것이 무엇인지 떠올린다.
- '활동지 1'을 확인한다.
- '활동지 1'에 영역별로 자기가 잘하는 것과 좋아하는 것을 기록한다.

┌───┐
│ ※ 영역   │
│ - 동물과 자연, 여행, 의학, 예술, 컴퓨터, 음식조리, 자동차, 가르치는 일, 안전을 지키는 │
│   일, 봉사하는 일, 저축과 경제, 사교적인 일, 예쁘게 꾸미는 일, 체육, 과학, 기타 등 │
│ - 이번 시간에는 청소년 워크넷(http://youth.work.go.kr)을 중심으로 자신에게 맞는 직업 │
│   을 탐색하는 것이다. 따라서 활동의 일관성을 유지하기 위해 청소년 워크넷에 제시   │
│   된 직업군들을 바탕으로 영역을 선정하였다.   │
└───┘

- 자신이 기록한 결과를 발표한다.
- 직업을 선택할 때 기준은 무엇일까?
  ① 내가 좋아하는 것
  ② 내가 잘하는 것
  ③ 사회적으로 가치 있는 일
■ 나에게 맞는 직업 세 가지(15분)
- 참여자 모두 청소년 워크넷(http://youth.work.go.kr)에 접속한다.
- '청소년 워크넷(http://youth.work.go.kr)→초등학생→흥미로운 직업의 세계'에 서 자신에게 맞는 물음에 체크한다.

- 자신이 해결한 활동지 2 '내가 잘하는 것과 좋아하는 일들'을 참조하여 체크
  해 나간다.

나랑 맞는 직업 선택

☑ 동물과 자연을 좋아하나요?
□ 세계 여러 나라를 여행하고 싶은가요?
□ 한국의 슈바이처가 되고 싶나요?
□ 멋진 예술가를 꿈꾸나요?
□ 세계적인 스타가 되고 싶나요?
□ 컴퓨터와 자동차를 좋아하나요?
□ 예쁘고 맛있는 것에 관심이 많은 가요?
☑ 가르치고 남을 돕기 좋아하나요?
□ 다른 사람의 안전을 지켜주고 싶은 마음이 있나요?
□ 저축과 경제에 관심이 많나요?
□ 사교성이 좋고 말을 잘하나요?

• 물음에 체크하기를 마치면 우측 하단의 '선택한 직업보기'를 클릭한다. 만
  약 위와 같이 두 가지를 체크했다면 다음과 같이 안내된다.

동물과 자연을 좋아하는 어린이
 〉 수의사   〉 애견미용사   〉 동물조련사   〉 농업인

가르치는 것을 좋아하고 다른 사람을 돕기를 좋아하는 어린이
 〉 헤드헌터   〉 교사 F1   〉 교수   〉 사서

• 안내된 직업들을 클릭하면 상세 설명이 나온다. F1을 누르면 동영상을 볼
  수 있다.
• 안내된 직업과 내가 바라는 직업은 일치하는가? 일치하지 않는다면 어떤 차
  이가 있는가?(각자의 생각을 발표한다.)
• 내가 갖고 싶은 직업 세 가지를 고른다면?

- 자신이 고른 직업을 '활동지 2'에 기록한다.
- 안내된 글과 Flash(동영상) 자료들을 살펴보고, 필요한 학력과 기술 등을 기록한다.
- 자신이 선택한 직업을 얻기 위하여 노력할 점을 발표한다.
- '흥미로운 직업의 세계' 화면에서 우측 상단의 '전체 직업보기'를 클릭하여 자기에게 안내된 직업 외에도 여러 가지 직업이 있음을 확인한다.

※ 유의사항

− 청소년 워크넷(http://youth.work.go.kr)에서 자신이 원하는 직업을 찾을 수 없을 경우에는 커리어 넷(http://www.careernet.re.kr)에 접속하여 메인 화면의 좌측 하단에 있는 직업사전을 활용하도록 한다. 이곳에서는 안내된 글과 사진자료, 동영상 자료 등을 찾아볼 수 있다.

다. 정리활동(5분)

- 오늘의 활동 내용 정리
- 내가 좋아하는 것들을 회상해 본다.
- 내가 잘하는 일들을 생각해 본다.
- 내가 선택한 세 가지 직업들을 생각해 본다.
- 오늘 새로 배운 것이 무엇인지 발표한다.
- 오늘의 활동 소감을 발표한다.
- 스스로 실천할 일 정하기
- 자신이 선택한 직업에 대하여 부모님과 대화 나누기 등
- 다음 모임 예고
- 한 학기 목표와 1일 행동지침 설정하기

※ 현실요법의 적용

자신의 좋은 세계(quality world)와 자신이 좋아하는 것을 알아보는 것은 바람(Want) 탐색이고, 잘하는 것을 탐색하는 것은 내적 자원 확인 및 성공 경험을 탐색하는 것으로서 현실요법의 내용에 해당된다.

내가 좋아하는 것과 잘하는 일

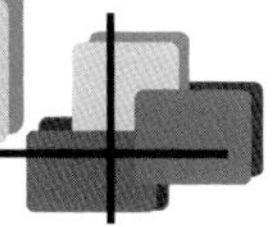

활동지 1.   성명:___________

▶ 내가 잘하는 것들과 좋아하는 일들을 아래 표에 영역별로 분류해서 적어 보세요.

영역	좋아하는 것	잘하는 일
동물과 자연		
여행		
의학		
예술		
컴퓨터		
음식조리		
자동차		
가르치는 일		
안전을 지키는 일		
봉사하는 일		
저축과 경제		
사교적인 일		
예쁘게 꾸미는 일		
체육		
과학		
기타		

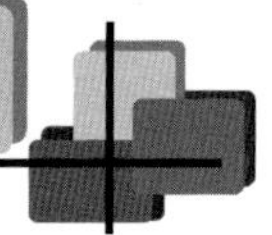

활동지 2.　　　　　　　　　성명: ______________

자신이 선택한 세 가지 직업에 필요한 학력, 능력 및 기술, 성격이 무엇
인지 조사해 보세요.

직업	학력	능력 및 기술, 성격

활동 참고자료

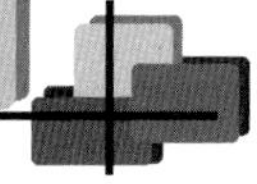

계란화 예시

부록 3. 행동조절 영역의 프로그램 예시

 **나는 시간을 잘 활용하고 있는가?**

1. 영역

행동조절(2/5)

2. 목표

가. 자신의 시간관리의 문제점을 알고, 개선 방법을 찾을 수 있다.

나. 자신의 자투리 시간 활용 계획을 세울 수 있다.

3. 준비물

나의 시간활용 실태 조사서(5회기 가정학습지), 활동지 1(나는 시간을 잘 활용하고 있는가?), 활동지 2(자투리 시간 이렇게 활용해요.)

4. 활동 전개(50분)

가. 도입활동(5분)

- ■ 기억에 남는 일이나 행복했던 경험 발표하기

- 참여자는 지난 회기 이후에 겪은 일들 중에서 기억에 남는 일이나 행복했던 경험을 발표한다.

- 지도자는 참여자가 발표하는 내용 중에서 충족된 욕구와 충족되지 못한 욕

구, 바람 등을 참여자 스스로 깨닫도록 발문한다.

■ 전시학습 상기 및 1일 행동지침 실천 확인하기

• 지난 시간에 내 맘대로 시간표와 최선의 시간표를 만들어 보았음을 상기한다.

• 학생들이 지난 한 주 동안 1일 행동지침을 어떻게 실천하였는지 발표한다.

• 스스로 계획하여 실천한 일이 있으면 발표한다.

■ 오늘의 활동 목표 알아보기

> • 자신의 시간관리 실태를 점검하고, 개선 방법을 찾을 수 있다.
> • 자신의 자투리 시간 활용 계획을 세울 수 있다.

나. 중심활동(40분)

■ 나의 시간활용 실태 알아보기(20분)

• 지난 회기에 가정학습지로 제시한 시간활용 실태조사서를 준비한다.

• 매일매일 구체적으로 1주일간 기록되어 있는가?

• 실태조사표의 아래에 있는 학습시간, 자유시간, 생활시간의 양과 1주일간의
합계를 계산해서 빈칸에 써 넣었는가?

• 어제 있었던 일을 일어나서부터 잠자리에 들 때까지 구체적으로 발표한다.
참여자들은 발표자의 내용을 듣고, 효과적으로 사용한 시간과 낭비된 시간
을 찾아 피드백해 준다.

• 4인 1조가 되어 친구들과 서로 비교해 본다.

• 나와 친구들의 다른 점은 무엇인가?

• 지도자는 '활동지 1'을 배부하고 해결하게 한다.

• 자신의 시간관리 문제점(늘려야 할 시간, 줄여야 할 시간, 고쳐야 할 습관
등)이 무엇이고, 어떻게 개선할 것인가?

■ 계획 세우기의 기준 알아보기(10분)

• 계획을 세웠는데 잘 실천하지 못했던 경험을 발표한다.

- 실천할 수 없었던 까닭을 찾아본다.

- 이 계획을 실천하려면 어떻게 바꾸면 될까?

• 어떤 계획이 좋은 계획일까?

  (참여자들의 발표를 토대로 다음의 기준이 나올 수 있도록 한다.)

• 계획 세우기의 기준을 정해 보자.

---

① 간단한(simple) 계획을 세워라.
  - 누구도 아니고 바로 내가 쉽게 할 수 있는 행동을 계획하자.
  - 어떤 것을 하지 않겠다고 하는 계획은 도움이 되지 않는다. 어떤 것을 하겠다는
    계획을 세우자.
② 실현 가능한(attainable) 계획을 세워라.
  - 언제, 어디서, 무엇을, 어떻게 할 것인지가 나타나게 계획하자.
③ 측정 가능한(measurable) 계획을 세워라.
  - 실천하는 정도를 점수나 숫자로 표시할 수 있는 계획을 세우자.
④ 즉시 시행할 수 있는(immediate) 계획을 세워라.
  - 지금 당장 할 수 있고 자주 되풀이할 수 있는 것을 계획하자.
⑤ 자신의 힘으로 할 수 있는(controled by the planner) 계획을 세워라.
  - 다른 사람이 하는 것이 아니라 정말로 자신이 할 수 있는 것을 계획하자.

■ 자투리 시간 활용 계획 세우기(10분)

• 자투리 시간이란?

- 의미 없이 그냥 버리는 시간들을 말한다.

• 자투리 시간을 찾아보면?

- 아침 식사 전

- 버스 타고 등교하는 시간

- 등교한 후 일과 시작 전 시간

- 점심 식사 후

- 버스 타고 학원에 가는 시간

- 버스 타고 집에 오는 시간

- 잠자기 전 시간

• 자투리 시간에 하는 일들을 발표한다. 참여자들은 발표 내용을 듣고 바람직

한 자투리 시간 활용 방안을 피드백해 준다.

- 평소에 하고 싶었지만 시간이 없어서 못 한 일들은?
- 마음껏 책 읽기, 퍼즐 맞추기, 장난감 조립 등
- 내가 하고 싶었던 일 중에서 자투리 시간에 할 수 있는 일은?
- '활동지 2'를 활용하여 자투리 시간 활용 계획을 세운다.
- 자투리 시간 활용 계획을 발표하고 피드백을 주고받는다.

다. 정리활동(5분)

■ 오늘의 활동 내용 정리
- 자신의 시간 활용 문제점을 어떻게 개선하기로 했는지 정리한다.
- 내가 세운 자투리 시간 활용 계획의 내용은 무엇인지 정리한다.
- 자투리 시간을 계획대로 활용하기 위한 다짐의 시간을 갖는다.
- 오늘 새로 배운 것이 무엇인지 발표한다.
- 오늘의 활동 소감을 발표한다.

■ 스스로 실천할 일
- 자기가 스스로 실천할 일을 찾아 선택한다(예: 자투리 시간 활용 계획대로 실천하기 등).

■ 다음 모임 예고
- '일상 생활계획표' 만들기

※ 현실요법의 적용

시간 활용 계획을 수립하기 전에 '간단한, 실현 가능한, 측정 가능한, 즉시 시행할 수 있는, 자신의 힘으로 할 수 있는 계획'이라는 현실요법적인 계획 작성의 기준을 제시하였다. 또한 자투리 시간을 활용하기 위한 계획을 수립한 것은 현실요법의 과정 중 계획(Plan)하기에 해당된다.

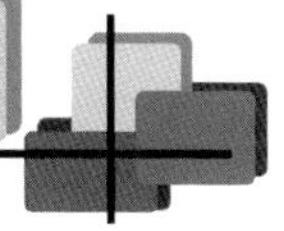

나는 시간을 잘 활용하고 있는가?

활동지 1.   성명: ________________

 '나의 시간활용 실태 조사표'를 바탕으로, 다음 물음의 해당란에 ∨표 하세요.

물음	그렇다	대체로 그렇다	그렇지 않다
1. 나는 내가 생각하는 만큼 충분히 공부했다.			
2. 이것저것 하느라고 시간만 낭비했다.			
3. 한꺼번에 너무 많은 것을 하려고 했다.			
4. 공부를 바로 시작하지는 못했다.			
5. 해야 할 공부를 뒤로 미루었다.			
6. 중요하지 않은 일에 시간을 많이 보냈다.			

 내가 개선해야 할 점은 무엇인가요? 어떻게 개선할 것인지도 써 봅시다 (늘려야 할 시간, 줄여야 할 시간, 고쳐야 할 습관 등).

개선할 점은 무엇인가요?	어떻게 개선할까요?

자투리 시간 이렇게 활용해요

활동지 2. 성명: _______________

현민이는 자투리 시간 활용 계획을 다음과 같이 세웠어요. 현민이의 계획을 참고하여 나의 자투리 시간 활용 계획을 세워 보세요.

〈보기〉 현민이의 자투리 시간 활용 계획

순	구분	시간	시량(분)	하고 싶은 일
1	아침 식사 전	07:00~07:30	30	아침운동(줄넘기)
2	버스 타고 등교하는 시간	08:00~08:30	30	책 읽기
3	등교한 후 일과 시작 전	08:30~08:50	20	예습하기
4	점심 식사 후	13:00~13:20	20	스포츠클럽 참가
5	버스 타고 학원에 가는 시간	15:00~15:30	30	복습하기
6	버스 타고 집에 오는 시간	17:00~17:30	30	책 읽기
7	잠자기 전	21:30~22:00	30	일기 쓰기
합계			3시간 10분	

 나의 자투리 시간 활용 계획

순	구분	시간	시량(분)	하고 싶은 일
1				
2				
3				
4				
5				
6				
7				
8				
9				

부록 4. 수학 문장제 해결 전략 프로그램 예시

수학 문장제 해결은 이렇게!

1. 영역

인지·초인지조절(수학 문장제 해결 1/5)

2. 목표

가. 자신의 수학 학습 실태를 점검할 수 있다.

나. 수학 문장제 해결 전략을 익힐 수 있다.

3. 준비물

활동지 1(나의 수학과 학습 방법은?), 활동지 2(문장제 해결 전략을 익혀요.)

4. 활동 전개(50분)

가. 도입활동(5분)

- ■ 기억에 남는 일이나 행복했던 경험 발표하기
- • 참여자가 최근에 겪은 일들 중에서 기억에 남는 일이나 행복했던 경험을 발표한다.
- – 참여자가 발표하는 내용 중에서 충족된 욕구와 충족되지 못한 욕구, 바람 등을 참여자 스스로 깨닫도록 지도한다.

■ 전시학습 상기 및 실천 정도 확인

• 읽기 학습 전략의 단계를 상기한다.

- 시각 바꾸기, 훑어보기, 질문하기, 질문에 답 찾으며 읽기, 통합하기, 글로 표현하기

• 자신이 스스로 적용한 읽기 학습 전략에 대하여 발표한다.

• 참여자들이 지난 한 주 동안 일상 생활계획표와 1일 행동지침을 어떻게 실천하였는지 발표한다.

■ 오늘의 활동 목표 알아보기

• 자신의 수학 학습 실태를 점검할 수 있다.
• 수학 문장제 해결 전략을 알 수 있다.

나. 중심활동(40분)

■ 수학 학습 실태 점검 및 자기평가(20분)

• '활동지 1'을 확인한다.

• 주어진 문제를 자기 혼자의 힘으로 해결해 본다.

찰흙 1kg을 학생 5명에게 똑같이 나누어 주려고 합니다. 한 학생이 찰흙을 몇 kg씩 받을 수 있는지 알아보시오.
<근거: 수학 6-가(교육과학기술부, 2008), 8쪽과 유사한 문제임>

• 지도자는 개별적으로 해결정도를 확인하면서 각자의 상태를 파악한다.

• 해결한 결과를 발표한다.

- 각자 해결한 답을 발표한다.

- 지도자는 참여자가 발표하는 답을 칠판에 기록한다.

- 여러 답이 나왔을 경우 그렇게 나온 사람의 수를 조사하여 칠판에 기록한다.

답을 산출하지 못한 참여자는 '모른다'로 처리하되, '모른다'도 응답의 한 형태임을 지도하여 이에 응답한 참여자가 상처받지 않도록 한다.

- 토론 수업을 전개한다.
- 오답부터 어떻게 문제를 해결했는지 발표한다.

※ 유의사항
- 교사는 정답이나 오답이라는 단서를 줄 수 있는 어떤 표정이나 말을 해서는 안 된다. 만약 참여자들이 오답 또는 정답이라는 사실을 알아 버리면 활발한 토론을 전개할 수 없다.

- 발표 내용을 듣고 다른 답을 산출한 참여자가 또 다른 생각을 발표한다.

※ 유의사항
- 서로 다른 답을 차례로 발표해 가면서 참여자 스스로 정답이 무엇인지 깨우치도록 전개한다.

- 답을 듣고 입장이 바뀐 사람의 수를 조사하여 칠판에 기록한다.
- 같은 입장의 사람끼리 편을 짜서 작전 토의를 한다.
- 토론을 전개한다.
- 최종 입장을 조사하여 칠판에 기록한다.
- 문제를 해결해 가면서 자신이 범한 오류들을 발표한다.
- '활동지 1'의 체크리스트에서 '예', '아니요'에 응답한 것이 무엇인지 확인한다.
- 한 사람씩 '예', '아니요'에 응답한 내용을 발표하면서 그렇게 하는 것이 수학 학습에 도움이 되었는지도 말한다.

※ 유의사항
- 지도자는 참여자들이 자기평가를 잘할 수 있도록 적절한 질문을 하여야 한다.
- 올바른 자기평가는 계획을 세우고 새로운 행동을 창조하는 데 매우 중요한 역할을 하므로 적절히 이루어질 수 있도록 주의를 기울여야 한다.

- 도움이 되지 않았다면 새롭게 시도해 볼 방법에는 어떤 것이 있을지 발표한다.

■ 수학 문장제 해결 전략 익히기(20분)

- 지도자는 수학 문장제 해결 전략의 과정을 설명한다.

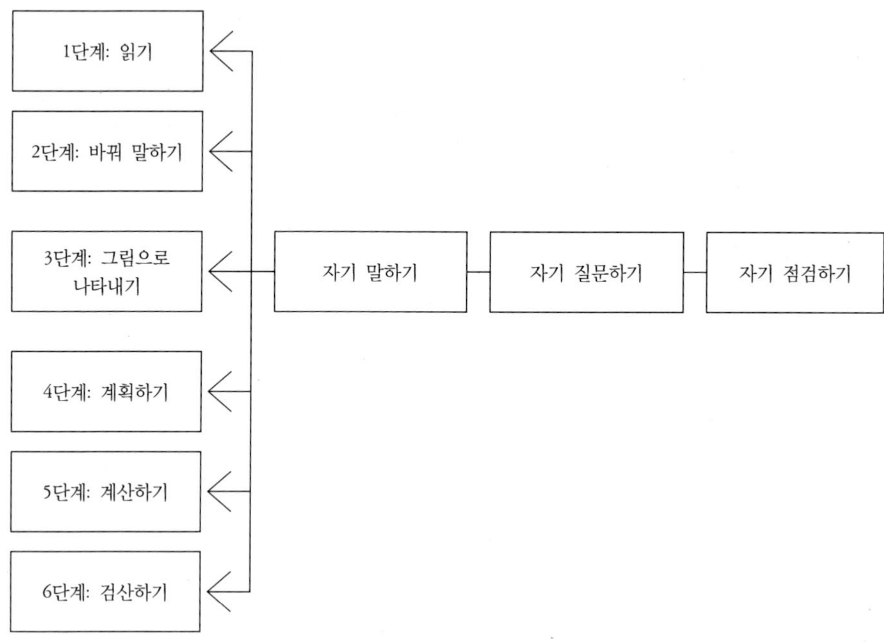

- 지도자는 각 과정별 주요 내용 및 방법을 익히기 위한 문제('활동지 2')를 제시한다.

> 색테이프 2m를 학생 4명에게 똑같이 나누어 주려고 합니다. 한 학생이 색테이프를 몇 m씩 받을 수 있는지 알아보시오.
> <근거: 수학 6-가(교육과학기술부, 2009), 16쪽의 문제와 유사함>

- 주어진 문제를 해결해 가면서 지도자와 함께 전략을 익힌다.
- 1단계, '읽기' 방법을 익힌다.
- 문제를 읽으면서 중요한 정보(숫자, 알아보려고 하는 것, 연산식의 정보를

주는 곳 등)에 밑줄을 긋는다.

- '자기 말하기'를 해 본다.

  "(자신에게 말한다.) 문제를 읽어라." 문제를 읽는다.

- '자기질문'을 해 본다.

  "(스스로에게 묻는다.) 문제의 내용을 빠뜨리지 않고 읽었는가?"

  "예." 또는 "아니요."

  "(아닐 경우 자신에게 말한다.) 문제를 다시 한 번 읽어 보자."

- '자기점검'을 해 본다.

  "내가 문제를 풀기 위해 충분히 이해했는가? 부족하다고 느끼면 다시 읽어라."

• 2단계, '바꾸어 말하기' 방법을 익힌다.

- '자기 말하기'를 해 본다.

  "(자신에게 말한다.) 나 자신의 말로 문제를 바꾸어라."

  "색테이프의 길이는 2m, 나누어 가지는 사람은 4명, 한 사람이 가질 수 있는 테이프는 몇 m?"

- '자기질문'을 해 보자.

  "나는 무엇을 알아내야 하는가?"

  "한 사람이 가질 수 있는 테이프의 길이."

- '자기점검'을 해 보자.

  "정보가 질문과 어울리는지 점검해 보자(자신에게 말하면서 실천 활동을 점검한다)."

  점검할 내용: 색테이프의 길이는 2m, 나누어 가지는 사람은 4명, 한 사람이 가질 수 있는 테이프는 몇 m? 등

- 위 1, 2단계(읽기, 바꾸어 말하기)의 전략을 요약하여 말로 나타낸다.

※ 말로 나타내기의 예
- 색테이프의 길이: 2m
- 나누어 가지는 사람: 4명
- 한 사람이 가질 수 있는 테이프는 몇 m?

- 3단계, '그림으로 나타내기' 방법을 익힌다.
- '자기 말하기'를 해 본다.

  "(자신에게 말한다) 그림으로 나타내 보아라."

  그림을 그린다.

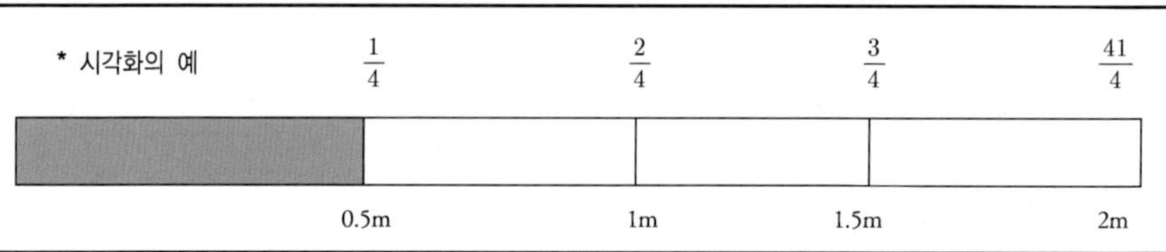

- '자기 질문하기'를 해 본다.

  "그림으로 잘 나타내었는가?"

  "예." 또는 "아니요."
- '자기점검하기'를 해 본다.

  "그림이 문제와 잘 어울리는지 점검해 보자(자신에게 말하면서 실천한 활동을 점검한다)."
- 4단계, '계획하기' 방법을 익힌다.
- '자기 말하기'를 해 본다.

  "(자신에게 말한다) 어떤 연산이 필요한지 결정하자."

  "2를 4로 나눈다."

  "연산 기호를 적어 보자."

  "나누기(÷)".
- '자기질문'을 해 본다.

  "(자신에게 묻는다.) 한 사람이 가질 수 있는 색테이프의 길이를 어떻게 구하지?"

  "2÷4"

  "계산 과정이 더 있는가?"

  "없다."

- '자기점검'을 해 본다.

  "계획이 맞는가?(자신에게 말하면서 실천한 활동을 점검한다)"

  만일 그렇지 않다면 도움을 요청한다.

- 5단계, '계산하기' 방법을 익힌다.

- '자기 말하기'를 해 본다.

  "(자신에게 말한다) 올바른 순서로 계산을 해라."

  2÷4의 계산을 한다.

- '자기질문'을 해 본다.

  "모든 계산이 올바른 순서로 이루어졌는가?(자신에게 말하면서 실천 활동을
  점검한다)"

- '자기점검'을 해 본다.

  "답이 맞는가?"

  "단위나 소수점 위치는 올바로 되어 있나?"

- 6단계, '검산하기' 방법을 익힌다.

- '자기 말하기'를 해 본다.

  "(자신에게 말한다) 계산을 검토해라."

  계산 과정과 답을 검토한다.

- '자기질문'을 해 본다.

  "나는 모든 단계를 검토했는가?"

- '자기점검'을 해 본다.

  "모든 것이 맞다면 검산 식으로 나타내 보자."

  "0.5×4＝2"

  만일 맞지 않다면 다시 돌아가서 검토한다.

  도움이 필요하다면 도움을 요청한다.

※ 연습문제

- 다음 문제 중에서 자신의 능력에 맞는 문제를 골라 해결해 본다.

문제 1) 주희네 밭의 $\frac{1}{4}$ 은 채소밭입니다. 이 중에서 $\frac{5}{7}$ 에 배추를 심었습니다. 배추를 심은 밭은 전체의 몇 분의 몇인지 알아보시오.

<수학 5-가(교육과학기술부, 2009), 121쪽과 유사한 문제>

문제 2) 2.8L를 크기가 같은 비커 2개에 똑같이 나누어 담으려고 합니다. 비커 한 개에 물을 몇 L씩 담으면 되는지 알아보시오.

<근거: 수학 5-나(교육과학기술부, 2009), 28쪽과 유사한 문제>

문제 3) 끈 3m를 가지고 상자 6개를 묶을 수 있습니다. 한 상자에 필요한 끈은 몇 m입니까?

<근거: 수학 6-가(교육과학기술부, 2009), 8쪽과 유사하나 하향 조정된 문제임>

다. 정리활동(5분)

- ■ 오늘의 활동 내용 정리
- • 수학 문장제 해결 전략 과정 및 내용을 정리한다.
- • 활동 중 주요 오류를 교정하여 정리한다.
- • 오늘 새로 배운 것이 무엇인지 발표한다.
- • 오늘의 활동 소감을 발표한다.
- ■ 스스로 실천할 일
- • 자기가 스스로 실천할 일을 찾아본다(예: 수학 문장제를 하나 골라 해결 전략 적용해 보기 등).
- ■ 다음 모임 예고
- • 1단계 문장제에 해결 전략 적용하기

※ 현실요법의 적용
자신의 수학 학습 실태를 알아보고, 현재 자신의 학습상황을 자기평가(Evaluation)하게 하였다.

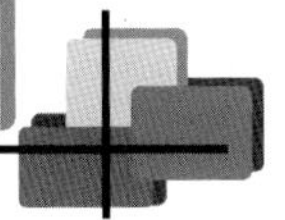

나의 수학과 학습 방법은?

활동지 1   성명: ________________

 다음 문제를 읽고, 자신의 힘으로 풀어 보세요.

> 찰흙 1kg을 학생 5명에게 똑같이 나누어 주려고 합니다. 한 학생이 찰흙을 몇 kg씩 받을 수 있는지 알아보시오.

<아래에 풀이 과정과 답을 쓰시오.>

 아래의 내용이 자신에게 해당되면 '예'에, 그렇지 않으면 '아니요'에 √ 표 하세요.

내용	예	아니요
1. 배울 것을 미리 살펴본다.		
2. 수업시간에 배운 내용은 되도록 그 시간에 이해하려고 노력한다.		
3. 공부하면서 중요하다고 생각되는 것은 표시해 둔다.		
4. 틀린 문제는 한 번 더 풀어 본다.		
5. 어려운 문제라도 쉽게 포기하지 않는다.		
6. 혼자 풀 수 없는 문제는 도움을 받아서라도 반드시 알고 넘어간다.		
7. 그림이나 기호로 표시해 볼 수 있는 문제는 먼저 그려 본다.		
8. 계산과정을 차근차근 적어 가며 푼다.		
9. 다 푼 후에는 반드시 검토한다.		
10. 매일 일정한 시간 수학 공부를 한다.		

♣ '예'에 답한 문항이 몇 개인가요? ____________ 개

♣ '아니요'에 답한 문항은 몇 개인가요? ____________ 개

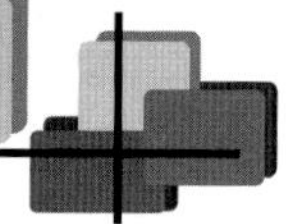

문장제 해결 전략을 익혀요

활동지 2　　　　　　　　　성명: ＿＿＿＿＿＿＿＿

 다음 문제를 읽고, 학습전략을 익혀 가면서 빈 [　　] 안에 알맞은 답을 쓰세요.

> 색테이프 2m를 학생 4명에게 똑같이 나누어 주려고 합니다. 한 학생이 색테이프를 몇m씩 받을 수 있는지 알아보시오.

1. '읽기' 방법을 익힌다.

① 문제를 읽으면서 중요한 정보에 밑줄을 긋는다.

② '자기 말하기'를 해 본다.

"(자신에게 말한다.) 문제를 읽어라." 문제를 읽는다.

③ '자기질문'을 해 본다.

"문제의 내용을 빠뜨리지 않고 읽었는가?"

④ '자기점검'을 해 본다.

"문제를 읽고, 이해했는가?" "예." 또는 "아니요." "(아닐 경우 자신에게 말한다.) 문제를 다시 한 번 읽어 보자."

2. '바꾸어 말하기' 방법을 익힌다.

① '자기 말하기'를 해 본다.

"(자신에게 말한다.) 나 자신의 말로 문제를 바꾸어라."

② '자기질문'을 해 보자.

"나는 무엇을 알아내야 하는가?"

③ '자기점검'을 해 보자.

"정보가 질문과 어울리는지 점검해 보자 (자신에게 말하면서 실천 활동을 점검한다)."

점검할 내용: 색 테이프의 길이, 나누어 가지는 사람, 알아내야 할 것은 무엇인가? 등

- 위 1, 2단계(읽기, 바꾸어 말하기)의 전략을 글로 요약해서 나타낸다.

3. '그림으로 나타내기' 방법을 익힌다.

① '자기 말하기'를 해 본다.

"(자신에게 말한다.) 그림으로 나타내 보아라."

② '자기 질문하기'를 해 본다.

"그림으로 잘 나타내었는가?"

"예." 또는 "아니요."

③ '자기점검하기'를 해 본다.

"그림이 문제와 잘 어울리는지 점검해 보자(자신에게 말하면서 실천한 활동을 점검한다)"

4. '계획하기' 방법을 익힌다.

① '자기 말하기'를 해 본다.

"(자신에게 말한다)어떤 연산이 필요한지 결정하자."

( )을 ( )(으)로 나눈다.

"연산 기호를 적어 보자."

② '자기질문'을 해 보자.

"(자신에게 묻는다)한 사람이 가질 수 있는 색테이프의 길이를 어떻게 구하지?"

"계산 과정이 더 있는가?"

③ '자기점검'을 해 보자.

"계획이 맞는가?(자신에게 말하면서 실천한 활동을 점검한다)"

만일 계획이 맞지 않다면 도움을 요청한다.

5. '계산하기' 방법을 익힌다.

① '자기 말하기'를 해 본다.

"(자신에게 말한다) 올바른 순서로 계산을 해라."

② '자기질문'을 해 본다.

"모든 계산이 올바른 순서로 이루어졌는가?"

자신에게 말하면서 실천 활동을 점검한다.

③ '자기점검'을 해 본다.

"답이 맞는가?"

"단위나 소수점 위치는 올바로 되어 있나?"

6. '검산하기' 방법을 익힌다.

① '자기 말하기'를 해 본다.

"(자신에게 말한다) 계산을 검토해라."

계산 과정과 답을 검토한다.

- '자기질문'을 해 본다.

"나는 모든 단계를 검토했는가?"

- '자기점검'을 해 본다.

"모든 것이 맞는다면 검산식으로 나타내 보자."

만일 맞지 않다면 다시 돌아가서 검토한다.

도움이 필요하다면 도움을 요청한다.

부록 5. 통계분석을 위한 선행 조건 검토

1) 성취동기 정규성 검정 결과

영역	집단	Shapiro – Wilk		
		통계량	자유도	유의확률
성취동기 사전검사	실험집단 1	.925	12	.333
	통제집단 1	.976	12	.961
	실험집단 2	.945	12	.562
	통제집단 2	.946	12	.578
	실험집단 1, 2	.983	24	.944
	통제집단 1, 2	.973	24	.734
성취동기 사후검사	실험집단 1	.955	12	.709
	통제집단 1	.925	12	.330
	실험집단 2	.914	12	.238
	통제집단 2	.922	12	.304
	실험집단 1, 2	.964	24	.518
	통제집단 1, 2	.959	24	.410
성취동기 추후검사	실험집단 1	.904	12	.176
	통제집단 1	.967	12	.873
	실험집단 2	.939	12	.482
	통제집단 2	.921	12	.294
	실험집단 1, 2	.973	24	.748
	통제집단 1, 2	.947	24	.231

주(註). 유의 확률이 $p > .05$이면 정규분포를 따른다고 봄.

2) 학습습관 정규성 검정 결과

영역	집단	Shapiro – Wilk		
		통계량	자유도	유의확률
학습습관 사전검사	실험집단 1	.882	12	.094
	통제집단 1	.974	12	.950
	실험집단 2	.906	12	.190
	통제집단 2	.898	12	.150
	실험집단 1, 2	.944	24	.202
	통제집단 1, 2	.974	24	.773

영역	집단	Shapiro – Wilk		
		통계량	자유도	유의확률
학습습관 사후검사	실험집단 1	.867	12	.059
	통제집단 1	.895	12	.138
	실험집단 2	.939	12	.480
	통제집단 2	.944	12	.546
	실험집단 1, 2	.944	24	.202
	통제집단 1, 2	.948	24	.251
학습습관 추후검사	실험집단 1	.861	12	.051
	통제집단 1	.950	12	.637
	실험집단 2	.924	12	.318
	통제집단 2	.887	12	.107
	실험집단 1, 2	.922	24	.066
	통제집단 1, 2	.951	24	.286

주(註). 유의 확률이 p〉.05이면 정규분포를 따른다고 봄.

3) 학업성취도 검사의 결과분석을 위한 선행 조건 검토

(1) 학업성취도 정규성 검정결과

영역	집단	Shapiro – Wilk		
		통계량	자유도	유의확률
학업성취도 사전검사	실험집단 1	.877	12	.081
	통제집단 1	.989	12	.999
	실험집단 2	.944	12	.548
	통제집단 2	.867	12	.059
학업성취도 사후검사	실험집단 1	.875	12	.077
	통제집단 1	.922	12	.302
	실험집단 2	.929	12	.375
	통제집단 2	.870	12	.064
학업성취도 추후검사	실험집단 1	.863	12	.054
	통제집단 1	.983	12	.994
	실험집단 2	.873	12	.072
	통제집단 2	.979	12	.979

주(註) 1. 유의 확률이 p〉.05이면 정규분포를 따른다고 봄.
주(註) 2. 본 정규성은 국어, 수학 합계 점수로 검정하였음.

(2) 국어, 수학 성적의 등분산성 검토 결과

종속변수	집단	F	자유도1	자유도2	유의확률
수학 사후검사	실험집단 2와 통제집단 2	.20	1	22	.663
수학 추후검사	실험집단 2와 통제집단 2	.002	1	22	.969
국어 사후검사	실험집단 1과 실험집단 2	3.38	1	22	.080
수학 사후검사	실험집단 1과 실험집단 2	4.17	1	22	.053
국어 추후검사	실험집단 1과 실험집단 2	3.49	1	22	.075
수학 추후검사	실험집단 1과 실험집단 2	3.64	1	22	.069

주(註) 1. 오차 분산의 동일성에 대한 Levene의 검정을 실시함.
주(註) 2. 유의 확률이 p>.05이면 등분산 가정을 만족하는 것으로 봄.
주(註) 3. 공분산 분석을 실시한 국어, 수학 성적에 한하여 등분산성을 검토함.

허일범

국민대학교 철학박사
국민대학교 교육대학원 겸임교수
경기 가납초등학교 교감

『초등학교 저학년 인터넷 중독 예방교육 프로그램 개발』
「부모의 학업성취 압력이 초등학생의 자기효능감에 미치는 영향: 목표지향성의 매개효과를 중심으로」

현실요법적
자기조절학습
프로그램

상담

초 판 인 쇄 | 2011년 3월 18일
초 판 발 행 | 2011년 3월 18일

지 은 이 | 허일범
펴 낸 이 | 채종준
펴 낸 곳 | 한국학술정보㈜
주   소 | 경기도 파주시 교하읍 문발리 파주출판문화정보산업단지 513-5
전   화 | 031) 908-3181(대표)
팩   스 | 031) 908-3189
홈 페 이 지 | http://ebook.kstudy.com
E-mail | 출판사업부 publish@kstudy.com
등   록 | 제일산-115호(2000. 6. 19)

ISBN   978-89-268-2011-7 93370 (Paper Book)
        978-89-268-2012-4 98370 (e-Book)

내일을여는지식 █ 은 시대와 시대의 지식을 이어 갑니다.